写不完的纯粹

潘竞贤 著

他们改变了晚清民国史

ZHEJIANG UNIVERSITY PRESS
浙江大学出版社

图书在版编目（CIP）数据

写不完的纯粹：他们改变了晚清民国史 / 潘竞贤著. — 杭州：浙江大学出版社，2016.2
ISBN 978-7-308-15372-0

Ⅰ．①写… Ⅱ．①潘… Ⅲ．①中国历史－近代史－通俗读物 Ⅳ．①K250.9

中国版本图书馆CIP数据核字(2015)第286240号

写不完的纯粹：他们改变了晚清民国史

潘竞贤 著

责任编辑	谢 焕
文字编辑	张一弛
责任校对	杨利军 田程雨
封面设计	周 灵
出版发行	浙江大学出版社
	（杭州市天目山路148号 邮政编码 310007）
	（网址：http://www.zjupress.com）
排　　版	杭州林智广告有限公司
印　　刷	浙江印刷集团有限公司
开　　本	710mm×1000mm 1/16
印　　张	11.75
字　　数	140千
版 印 次	2016年2月第1版 2016年2月第1次印刷
书　　号	ISBN 978-7-308-15372-0
定　　价	28.00 元

惜如斯结局，幸精神不死。
供千秋凭吊，问后来者谁。
——叶曙明

目 录

→ 迟到的强国梦　　　　　　　　　　　　　　　　　　/1

　一场奇怪的战争：专制和君宪的较量　　　　　　　/3

　杨度：为了宪政，捉刀代笔做"枪手"　　　　　　/9

　袁世凯：小站其实并不小　　　　　　　　　　　　/14

　唐绍仪：民国首任总理为何撂挑子?　　　　　　　/21

　同盟会：它的朋友和敌人都是清政府　　　　　　　/28

　黄兴：留守穷城难为无米之炊　　　　　　　　　　/33

　汤化龙：立宪迷也热衷于革命　　　　　　　　　　/38

→ 顶戴花翎的生意人　　　　　　　　　　　　　　　/43

　难为李鸿章：骡马牵拉的"铁路"　　　　　　　　/45

　轮船招商局："官督商办"的滥觞　　　　　　　　/52

　郑观应：善于经营的维新思想家　　　　　　　　　/58

　周学熙：他面对的是一群外国无赖　　　　　　　　/65

　赫德：清帝国海关里的洋大人　　　　　　　　　　/71

→ 革命时代的腥风血雨　　　　　　　　　　　　　　/77

　吴樾：碧血横飞的暗杀者　　　　　　　　　　　　/79

大通师范学堂：革命党人的体校　　　　　/84

徐锡麟：三个人的安庆起义　　　　　　/88

吴禄贞：志大气豪命如丝　　　　　　　/93

彭家珍：最后的刺客　　　　　　　　　/98

→ 历史深处的游魂　　　　　　　　　　/105

千古奇谈：清廷与平民打官司　　　　　/107

赵凤昌：通天推手助产民国　　　　　　/114

隆裕太后：一个背负亡国责任的女人　　/121

伍连德：绝不应被遗忘的名字　　　　　/126

端方：铁路成了他的催命符　　　　　　/132

→ 江山不幸诗家幸　　　　　　　　　　/141

惊涛三万里：第一批远赴重洋的留学生　/143

陈独秀：在黑夜里燃灯　　　　　　　　/149

盗火者：作为翻译家的鲁迅　　　　　　/154

西学专斋：热衷教育的外国传教士　　　/160

蔡元培：一只空墨水瓶引发的学界风潮　/166

伍廷芳：民国第一案　　　　　　　　　/172

参考书目　　　　　　　　　　　　　　/177

后记：谁说理想不靠谱！　　　　　　　/180

→ 迟到的强国梦

一场奇怪的战争：专制和君宪的较量

1904 年 2 月至 1905 年 9 月，在中国的东北和黄海地区，爆发了一场奇怪的战争。

奇怪之处在于：交战国一方是君主专制的俄国，另一方是已经确立君主立宪政体的"后起之秀"日本，日俄两国交战，战场却在中国；中国的领土遭烧灼，中国的百姓遭涂炭，而清政府竟宣布严守中立。

当然，这场战争中也不乏中国人的身影。那时候，张作霖还是一介马贼，他给日本人充当密探和马前卒，因此发迹；也有人帮俄国做事，被日本兵抓住，当众砍了头，砍头的影片又恰巧让留学日本的周树人看到了，深深影响了这个心里背负着弱国阴影的年轻人，自此，他弃医从文，有了一个广为人知的笔名：鲁迅。

这场战争的结局出人意料：小小的岛国竟打败了庞然巨物般的沙俄帝国。这一结局，与十年前中日甲午之战何其相似！当年，弹丸之国狠狠击碎了大清的洋务自强之梦。当俄国军队在日本的枪炮轰击下节节败退的时候，敏感的中国知识分子开始了艰难的思考：日本，究竟凭什么成为胜利者？

思考的答案是：立宪政体！

辛丑年，在西安避祸一年的慈禧太后起驾回京之后，开启新政，为此还专门设立了敦促新政的领导机构：督办政务处。只是随着时间的推移，清廷好了伤疤忘了痛，又在政治改革方面裹足不前，新政推行的效果甚微。不过，此时的言论管制已经宽松许多，"立宪"的话题早已不是禁区。在日俄战争爆发前，知识分子和开明官员已经对此作了充分的讨论。

清廷开启新政后，在海外流亡的梁启超喜出望外。两年前，他和他的老师康有为遭清廷通缉，而"六君子"的头颅纷纷滚落在菜市口。那时候，他们的主张被清廷视为大逆不道。梁启超没有想到，短短两年之后，清廷的变革举动比他们当初的设想有过之而无不及，如此大幅度的转变令人咋舌。梁启超敏锐地意识到，这可能是变革政体的重要契机。于是，他以"爱国者"为笔名，在他主编的《清议报》第八十一期，刊发了一篇题为"立宪法议"的长文。在这篇文章中，他详细阐述了君主专制、君主立宪和民主立宪这三种政体的含义和区别；他进一步指出，相比较而言，人类目前最理想的政体是君主立宪。

君主立宪，就是制定宪法，把无限的君主权力限制在一定的范围内。在君主立宪的政体下，君主虽然是社会的特权阶层，地位崇高，尊严至上，但是君主的权力不再具有专制体制下的无限性，而是受到宪法和议院的制约，君主的许多决定需要经过议院同意，君主不得为所欲为。这一政体的优点在于降低决策的失误，遏制野心家对权力的觊觎，调和君与民的对立，使人民在一定程度上享有参与政治的权利。

梁启超虽然不遗余力地呼吁立宪，但他并不主张立即变更政体，而是设计出一套"预备立宪"的方案：第一，皇上颁诏，在名义上确立君主立宪政体；第二，派遣大臣赴各国考察宪政；第三，创设法制局，起草宪法；第四，翻译、出版各国宪法以及相关著作；第五，公布宪法草案，征询全国各阶层意见；第六，达成立宪政体。

日俄战争尚在进行，驻法大臣孙宝琦预料此役俄国必败、日本必胜。他联合驻俄大臣胡惟德、驻英大臣张德彝、驻比利时大臣杨兆鉴上书朝廷，倡言变法。一个月后，他觉得意犹未尽，又单独写了一份奏折，呈给政务处。在这份奏折中，他重申了自己对日俄之战的预测——立宪的日本必将战胜专制的俄国。接着，他反观中国，认为自庚子年之后，朝廷虽然力推新政，但国家仍饱受内忧外患的滋扰，大小臣工敷衍塞责，国人精神倦怠，新政没有达到预期效果。他指出：造成这一结果的关键原因就是大清国没有与世界同步，实行君主立宪的政体。

孙宝琦单独上呈的奏折没有被政务处转给清廷的高层决策者，却鬼使神差地被上海的《东方杂志》全文刊发。这份杂志颇有影响力，奏折的内容被广泛传阅，其他报纸纷纷转载或评论，一时间舆论大噪，朝野震动。

孙宝琦

张謇

孙宝琦是呼吁立宪的清廷大员，而与他遥相呼应的是身处江湖之远的张謇。张謇，字季直，江苏通州（今南通）人。甲午年，中日开战，慈禧太后从颐和园移驾紫禁城，满朝文武官员跪在路旁，迎候慈禧。那天，天公不作美，风雨大作，官员们浑身湿透，双膝泡在水里。年过八旬的张之万也在迎驾官员的队列中，他是张之洞的堂兄，由于岁数太大，不堪久跪，不能起身。姗姗来迟的慈禧太后乘轿路过时，竟视百官若无物，轿子径直走了。刚刚在科举考试中夺魁天下、高中状元的张謇也跪拜在地，目睹此情此景，他心如死灰。一年后，42岁的张謇辞去官职，选择了做一名商人。

经营实业的张謇做得风生水起，1903年，他在家乡通州创办的大生纱厂已经颇具规模，资本雄厚。张謇平素热衷于教育和政治，他在这一年东渡日本，本是为了考察教育和实业，不料竟被日本的勃勃生机所打动，深切地感受到中日间的巨大差距。在他看来，这种差距正是专制与立宪这两种政体之间的差距。归国后，张謇就与汤寿潜、张元济、赵凤昌、张美翊等人研讨立宪问题，推动国内政治改革。

张謇在1904年先后编辑了《日本宪法义解》《日本议会史》等宣传立宪的著作，书稿完成后，他委托在上海的老朋友赵凤昌印刷。图书印制过程中，张謇数次写信给赵凤昌，催问进展情况，急切之情表露无遗。书籍印好后，他广为散发，尤其是向清廷的高层，比如当时任兵部侍郎的铁良。赵凤昌也利用他的人脉，托人向皇宫送了十几本。据说，慈禧太后也读过《日本宪法义解》，她在召见大臣时说："日本有宪法，对国家甚好。"不明就里的大臣面面相觑，不知如何应答，只好唯唯诺诺地应承慈禧。

日俄战事胶着之际，清廷重臣张之洞与魏光焘准备联名上奏立宪，张謇作为立宪派的领袖，受到了他们的召见，与他们一起详细商讨了起草奏折的事情。之后，他与蒯光典、赵凤昌、沈曾植等人历经数次商讨，终于写成了奏折的初稿，之后又数易其稿，反复修改，字斟句酌。张之洞读到定稿后，虽然通篇挑不出一句出格的话，但谨慎、持重的他还是没有立即将奏折呈送朝廷。张之洞劝告张謇：立宪的事情，应当先与北洋的袁世凯商议。

张謇与袁世凯本是老交情，他们俩曾同在吴长庆的幕府当差。吴长庆是淮军将领，他创立的庆军在对太平军作战中表现不凡。吴长庆好读书，爱人才，被时人称为儒将，他是袁世凯的伯乐，对袁世凯器重有加，特意委托张謇教袁世凯读书。不过，张謇似乎特别鄙视袁世凯的作为，离开吴长庆幕府后，张謇与袁世凯断交二十年。后来，袁世凯官居直隶总督兼北洋大臣，手握八九万北洋新军，深得慈禧太后信任，是清廷的实力派大臣。袁世凯是新政的积极推动者，他编练新军、派遣留学生、开办新式学堂、创建实业……政治影响力非同寻常。为了推进立宪事宜，张謇不计前嫌，主动联络袁世凯的亲信杨士琦，了解袁世凯的最新情况。之后，他致函袁世凯，劝谏他体察世界大势，效法日本明治维新时期的伊藤博文、板垣退助等人，主持立宪，成就伟业。袁世凯经过慎重考虑，认为当下立宪的时机还不成熟，所以没有采纳张謇的建议。不过，袁世凯很快复信，两人二十余年的隔阂逐渐冰释。

日俄战争最终以日本在海陆两个战场的完胜而告终。日本人兴高采烈地庆祝胜利，而中国的立宪主义者们似乎比日本人还要高兴——战争的结果印证了他们的预测：立宪的日本必将打败专制的俄国。在立宪党人看来，这是立宪政体对专制政体的胜利！他们开始相信：宪政不再是洋人们的专利，国家的强弱之别不在于人种，而在于制度。日本可以通过立宪富国强兵，中国也一定能。俄国战败后，沙皇迫于国内压力，宣布立宪，这一举动深深触动了中国敏感的政治神经。

日俄之战的结局迅速点燃了国内立宪思潮的导火线。素有清议之名的《大公报》在战争结束后就刊载评论文章："此战诚为创举，不知日立宪国也，俄专制国也，专制国与立宪国战，立宪国无不胜，专制国无不败。"上海的《中外日报》《时报》也纷纷鼓吹立宪。急迫的中国人简单而草率地将日本对俄国的胜利归结为立宪对专制的胜利。知识分子奔走相告，报刊舆论也大力鼓噪，立宪思潮迅速激荡全国，上自大臣，下到学子，无不将"立宪"挂在嘴边。"立宪"一词炙手可热，俨然成了国人的口头禅。

　　在日俄交战期间，英国、德国、法国、美国也没闲着，各国极尽敲诈勒索之能，向清廷提出更多的权利要求。另一方面，革命党人也加紧了步伐，结党、起义、宣传革命思想……闹得风生水起、有声有色。1905年8月20日，在日本东京赤坂区的一栋普通民宅里，中国革命同盟会宣布成立，孙文被推举为总理。至此，星散的革命势力连成一气，建立了统一的指挥机构，孙文"一个人的革命"得到了广泛的响应。

　　内忧外患之下，慈禧太后的宫门不复宁静，奏请立宪的折子纷至沓来，如雪片般送到她的案头。1905年6月，张謇再次写信给袁世凯，从袁氏的个人安危荣辱着眼，敦促他支持立宪。这一次，袁世凯心动了，他联衔湖广总督张之洞、两江总督周馥，向慈禧太后奏请立宪。瞿鸿禨与袁世凯在官场上是死对头，两人一向明争暗斗，互唱反调，但此时，瞿鸿禨也赞成袁世凯的看法，认为"我大清该立宪"。云南巡抚林绍年、

瞿鸿禨

两广总督岑春煊奏请立宪的折子也接踵而至。皇族方面，庆亲王奕劻和他的长子载振支持立宪，一向主张改革的载泽自然站在了立宪一边。这些政治要人的意见深深影响了慈禧太后的决策。

1905 年 7 月 16 日，清廷颁发上谕，宣布派遣官员出洋考察宪政。出洋考察大臣分别是镇国公载泽、户部左侍郎戴鸿慈、兵部侍郎徐世昌、湖南巡抚端方、农工商部左丞绍英。他们官衔身份不一，载泽是皇族宗室，端方代表了锐意进取的地方改革派，戴鸿慈和绍英是掌管财政和商业的重臣，徐世昌是统筹军事的官员。他们都是清廷的重量级人物。9 月 24 日，五大臣在社会各界人士的簇拥下，来到北京正阳门火车站，即将启程之际，只听一声巨响，一个名叫吴樾的刺客引爆了炸弹，刺客当场死亡，五大臣受轻伤。爆炸声不仅没能阻止立宪的步伐，反而让清廷意识到立宪的必要与紧迫。自此，清廷在立宪问题上不再犹豫摇摆，而是大踏步地迈入了政治改革的深水区。

杨度：为了宪政，捉刀代笔做"枪手"

杨度在 29 岁时，被人保荐入京，参加"经济特科"考试。考试地点设在金碧辉煌的紫禁城保和殿。时值夏季，来自各省的青年才俊共计 186 位，端坐在殿内答题。

这里的"经济"一词，是经世济民、治理国家的意思。

清廷在"庚子之乱"后，重启新政，戊戌年间被粗暴废除的改革举措大多得以重新执行。慈禧太后西逃回来，打心底里意识到变革的势在必行。要办新政，就得有懂新政的人才——方方面面的事情还不是人张罗起来的？

然而，就在几年前，慈禧太后还是谈"新政"色变。推动新政的康有为、梁启超师徒流亡海外；谭嗣同等"六君子"的头颅在屠刀下滚落；光绪帝也因此被幽禁于中南海的瀛台。一场短暂而热烈的维新运动戛然而止。

谁能料到，短短几年后，大清帝国的政治走向突然急速转弯，重回新政的轨道。清廷一下子感觉到了新式人才的匮乏。传统的科举选拔制度难以满足新政对人才的需求，于是，清廷采纳了贵州学政严修在数年前提出的建议，下诏举行"经济特科"考试。

参加特科考试的资格可不是随便什么人都有的，必须由三品以上的官员保荐，皇帝亲自批准后，才可以进京考试。杨度是湖南人，保荐他的人却是当时的四川总督锡良，而非管辖湖南和湖北两省的湖广总督。这既是因为杨度早已盛名在外，也反映了当时官员的求贤若渴。

考试的结果下来了，杨度高居榜眼（一甲第二名），状元是广东人梁士诒。杨度和梁士诒后来既是同事又是政敌。后者在辛亥年出任袁世凯内阁邮传部大臣，参与了逼清帝退位的活动，在北洋政府时期任总统府秘书长、国务总理等要职。当时的主考官之一是湖广总督兼参预政务大臣张之洞，他是很有声望的封疆大吏。张之洞号香涛，时人尊称他为香帅。张香帅深深地记下了杨度这个名字。五年后，正是已经成为军机大臣的张之洞与另一位汉族重臣袁世凯联名推荐，使无一官一衔的杨度一跃成为四品京官。

所谓天有不测风云，人有旦夕祸福。榜眼杨度没有等来封官晋爵的诏书，等来的却是抓捕他的通缉令。原来，慈禧太后在召见军机大臣瞿鸿禨时，听闻此次特科考试有维新党人混杂其间。状元梁士诒的名字，被说成"梁（梁启超）头康（康有为）尾"（康有为号祖诒）。当时，戊

杨　度　　　　　　　　梁士诒

戌年的政治动荡余波未平，慈禧老佛爷依然对康、梁师徒恨得牙痒痒，心里还是很提防维新党人的。于是，一道要求查办的上谕传出，梁士诒、杨度及其他考生纷纷逃离京城。从金榜题名到被朝廷通缉的犯人，只在旦夕之间，命运的跌宕，怎不让人唏嘘喟叹！

　　犹如惊弓之鸟的杨度悄然乘坐前往天津的火车，去看望驻守在朝阳镇的伯父杨瑞生。杨度9岁时，父亲病故，他与妹妹杨庄一起被过继给伯父。伯父杨瑞生15岁就随父参军，征战南北，数度死里逃生，后因军功官至正二品总兵。

　　杨度逃离北京的第二天，爱才的张之洞就派人去天津请他回京——这可急坏了杨度的家人。他们误以为这是朝廷的追捕。四弟杨敞仓皇之间只得派两名仆人带上盘缠，分别守在北京丰台火车站和前门火车站。最后，守在前门火车站的仆人等到了杨度。仆人在出站的人流中看见了杨度，急忙冲上前去，将他拉上骡车，送到了不远处的东交民巷日本使馆。杨度曾自费留学日本，入弘文书院速成师范班，来自湖南的黄兴与他既是同乡亦是同窗。杨度与日本使馆的工作人员素有交往。仆人把随身携带的盘缠给了杨度。几天后，在使馆人员的帮助下，杨度乔装成日本人，潜出北京，乘轮船再渡东瀛。

避居日本求学的杨度潜心研读各国宪政理论，并且通过演讲、辩论和撰写文章的方式宣传宪政，因此成了声名远播的宪政专家。1905年，也就是杨度避居日本的第二年，清廷派出了由五大臣领衔的考察团出洋考察宪政。考察团兵分两路，户部侍郎戴鸿慈和湖南巡抚端方率领的一路考察团途经日本。翰林院庶吉士熊希龄是该考察团的参赞，他也是杨度的湖南同乡。早在1897年，谭嗣同在湖南长沙倡办时务学堂，熊希龄就是该学堂的提调（即校长），梁启超则被聘为总教习。那时候，杨度开始对新学感兴趣，他经常去时务学堂蹭课，同去的还有后来的护国战争军事领袖蔡锷。杨度因此与熊希龄、梁启超熟识，他们时常坐而论道，指点江山。

宪政考察团在日本短暂逗留，熊希龄特意找到在此流亡的杨度和梁启超，不是为了叙旧，实在是有要事相托——熊希龄在端方的授意下，请杨度和梁启超做一回"枪手"，为五大臣撰写宪政考察报告。杨度欣然答应，写下了《中国宪政大纲应吸收东西各国之所长》和《实施宪政程序》两篇长文。五大臣回国后，杨度的文章如期递送到端方面前，端方阅后，颔首肯定，斟酌润色后，呈送给慈禧太后。第二年（1906年），清廷根据五大臣的报告，下诏预备推行立宪。在内忧外患的合围下，清帝国终于小心翼翼地踏上了宪政之路。

1907年10月，秋风起，落叶黄，对杨度恩重如山的伯父突然病故，潜回湖南奔丧的杨度悲恸难抑，写下挽联：

平生恩义，未忍追思，从兹落落一身，怅望出门谁念我？

国事栖皇，曾何所补，徒使悠悠千载，羁迟游子恨终天！

恩人已逝，而自己孑然一身，无端沦为钦犯，功名无着落，满腔抱负何处施展？跪在逝者的灵前，对视着摇晃的烛火，怎能不生发既悲且愤的情思呢？

回到故乡的杨度继续以宣传宪政为己任。12月，他发动成立了湖南宪政公会，自任会长，起草《湖南全体人民民选议院请愿书》。他的老师、世称湘绮先生的名儒王闿运（号湘绮）修改了这份请愿书，并联络湖南的名流、士绅，联名上奏朝廷。这算是开了清朝国会请愿运动的先河。三年后，声势更为浩大的请愿活动在京城开展了起来，来自各省的请愿代表齐聚北京，在琉璃厂设立专门的办事处，持续不断地向清廷递交请愿书，恳请清廷从速召开国会。在一次递交请愿书的过程中，十七名学生代表拿出利刃，企图以自杀的壮烈方式表达请愿决心，众人急忙阻止，但还是有两名学生割下了自己身上的一块肉。

1908年4月，杨度抵京，这位曾遭清廷通缉、与当政者持不同政见的年轻人，无比意外地一跃成为帝国的四品京官！慈禧太后传谕："候选郎中杨度著以四品京堂候补，在宪政编查馆行走。"保荐杨度的，正是惜才的张之洞和袁世凯。宪政编查馆设立于1905年，相当于清廷推进宪政的领导小组，初名考察政治馆，直属军机处。杨度虽为"行走"，实际上就是该馆的负责人。此后，清廷关于"立宪"的文件，大多出自杨度之手。

袁世凯还为杨度提供了一个出入颐和园的机会，当时的袁世凯是军机大臣兼外务部尚书，在颐和园的外务部公所召集会议时，他请"宪政专家"杨度前来回答帝国官员们对于宪政的质询。袁氏与杨度一样，坚定地认为大清必须走宪政道路。他之所以如此"别有用心"地安排，是希望杨度借此机会，向帝国官员们宣传立宪精义，争取更多的支持者。

杨度入宪政编查馆三个月后，清廷颁布《各省谘议局章程》十二章六十二条，《谘议局议员选举章程》一百一十五条，令各省在一年之内成立地方谘议局。这就相当于各省先行开办地方议会，启动地方自治。在国家议会方面，清廷批准颁行了《钦定宪法大纲》二十三条，与之一起公布的还有一份《九年预备立宪逐年推行筹备事宜清单》，该清单从法律准备、选举办法、户籍调查、财政准备、教育普及等方面，制定了渐进式、可操作的政治路线图。这些制度的颁布，杨度是主要推动者。

1908 年，光绪帝和慈禧太后相继去世，孱弱的清帝国又少了强悍的统治者。满族少年亲贵当政后，袁世凯被撤销一切职务，逐出京城。携带家小与仆人的袁世凯黯然来到火车站，昔日同僚们都为了避嫌而不敢前来送行。当时正值隆冬，寒风瑟瑟。仓皇回首间，袁世凯看到了两张熟识的面孔，他们是严修和杨度。

袁世凯的知遇之恩，杨度一直记在心里。

袁世凯：小站其实并不小

1895 年冬天，袁世凯来到位于天津和大沽之间的新农镇，接收了由胡燏棻编练的定武军，后者则被清廷调任芦津铁路督办。

新农镇，或称兴农镇，又名小站。

当初，清军入山海关，夺大明江山，依凭的是 12 万八旗兵。当时的八旗兵骁勇善战，所向披靡，锐不可当。天下太平时，八旗兵驻守各地，享受着朝廷给予的丰厚待遇，却不事生产，无须征战，操练懈弛。至嘉庆年间，已沦为没有战斗力的膏粱子弟。

此后，绿营兴盛，逐步取代了八旗的地位。绿营是清军入主中原后

袁世凯　　　　　　　　　胡燏棻

收编的汉人军队，所以清廷一直不放心，处处牵制，时时提防，设置了许多节制方法，还不断往绿营中掺入满人，使得其重蹈八旗的覆辙，逐渐腐化。

太平天国起义，八旗与绿营一触即溃，清廷无军可用，只得放权由曾国藩、李鸿章等地方官员另组营勇，湘军、淮军等地方武装应运而生。在与太平军、捻军作战中，营勇显示出惊人的战斗力。然而，甲午年中日之战，作为清廷主要国防力量的淮军不堪御敌，连连惨败；刘坤一统率的湘军同样一败涂地。

清廷强烈地意识到，建立一支有战斗力的现代化军队是捍卫疆土、稳定统治的基础。甲午之战告急时期，清廷召见参与黄海之战的德国籍军事顾问汉纳根（Von Hanneken），他是北洋水师的总教习兼副提督。在这次召见中，他提议先组建一支2000人的外国军官队，再由这些外国军官仿照西式练兵办法，为清帝国编练10万新式陆军，并装备洋枪、洋炮，由海关总税务司赫德（Robert Hart）指挥。他的这一提议遭到李鸿章、胡燏棻等大臣的反对，未被清廷采纳。

15

甲午年十月，清廷为救亡图存，匆匆设立督办军务处，以恭亲王奕訢为督办，庆亲王奕劻为帮办，翁同龢、李鸿藻、荣禄、长麟等重臣为会办，着手编练新军。次月，军务处任命广西按察使胡燏棻前往天津附近马厂屯驻，主持招募新军，聘请德国军官任教习，购置新式武器，仿照德国陆军操典进行训练。早年，胡燏棻就曾上书直陈旧军之腐败。

翌年春，胡燏棻初步编练成"定武军"十营，共计4750人，其中步队3000人、炮队1000人、马队250人、工程队500人。至九月，因马厂营房不敷应用而移到原淮军"盛字营"驻地小站，那里曾是淮军周盛传、周盛波所统领的"盛字营"的驻地。

甲午战争期间，袁世凯奉旨前往辽东前线，协助周馥办理转运粮械、接收溃卒等后勤事务。期间，他耳闻目睹清军溃败的惨状，萌生了重建帝国军队的想法。甲午之战刚刚结束，他就上书军机大臣李鸿藻，分析战败的原因，并提出编练新式陆军的计划。李鸿藻非常认同他的设想，并向清廷举荐他。清廷很快颁布上谕，将袁世凯调到军务处，职位是"温处道留京兼充军务处"，意思就是温州道员，但留在京城的督办军务处工作。这是一种"虚实结合"的职位安排——前者为虚职，是为了解决官员的实际待遇，后者才是实职。后来，袁世凯赴小站练兵，他的虚职是直隶按察使和工部右侍郎。

袁世凯驻朝鲜期间，曾因协助朝鲜练兵，获得"知兵"之美誉，军务处会办荣禄也听到同僚们称赞袁氏善带兵。进入军务处后，袁世凯主动向荣禄呈递了自己编译的兵书，荣禄阅后，大为称赞，随后对袁世凯处处提携。

1895年底，胡燏棻被朝廷调任他职。督办军务处亲王奕訢、奕劻会同军机大臣李鸿藻、翁同龢、荣禄、长麟等联名保荐袁世凯接办定武军。清廷允准。11月1日，袁世凯到达小站，正式接任定武军统帅。

袁世凯是德国军制的"粉丝"，他认为德国陆军是当时世界上最精锐的部队，所以，接管定武军后，他主要仿照德国陆军的建制、方法训练新军。他派部下赴山东、河南、安徽等地州县招募新兵，为防止会党、流氓、罪犯、吸食鸦片者等的渗入，他对兵源把关严格。入伍者必须是当地背景清白的农民，而且由地方政府担保，一旦查出不合格者就追究地方政府的责任。定武军在原有基础上扩编至7000多人，改称"新建陆军"（简称新军）。新军分步、马、炮、工、辎等兵种。在组织架构上，设督练处（即新军总部），下设参谋营务处、督操营务处、洋务局、粮饷局、军械局、转运局、军医局等机构。各处、局由专人专责，体现了现代军队专业化的特征。新军还设有参谋、电讯等职能，配备军乐队。

袁世凯不惜重金，从德国购置了先进的武器装备。炮兵装备的是德国克虏伯厂出产的57厘米过山炮和七生特半陆路炮等；步兵使用奥匈帝国制造的曼利夏步枪；骑兵装备曼利夏马枪和战刀；军官一律佩带六响左轮手枪和佩刀。

新军开设炮兵、步兵、骑兵、德文四所学堂，统称"行营武备学堂"。袁世凯高薪聘请德国军官担任教习，学期两年，学员毕业后可以担任下级军官。袁世凯从自己每月的俸禄中拨出三分之一（银二百两）作为奖学金，奖励考试成绩优异者。学业出众的人会被选派去德国或日本留学。此外，袁世凯还开办讲武堂和学兵营，培养基层军官。

新军的管理异常严格。袁世凯制定了一套严密的军法、军纪，如《简明军纪二十条》《行军暂行章程》《操场暂行章程》《兵丁驻扎营内章程》等，这些制度涉及新军的训练、行军、宿营等各方面。士兵必须严格遵守制度，一旦违纪，就会受到打军棍、示众、扣发饷银等惩罚。袁世凯还制定了"斩律十八条"——"结盟立会，造谣惑众"者斩；"有意违抗军令"者斩；"持械斗殴及聚众哄闹"者斩；"遇差逃亡，临阵诈病"者斩；凌辱长官者斩；长官战死而士兵无伤亡，士兵全部处斩……袁世凯在小站附近设立关卡，抓捕逃兵，抓回的逃兵会被重罚，常常会被公开处斩，逃兵一月无下落就追究家属的连带责任。

新军的军饷较高，由户部直接发放。为了避免各级军官克扣士兵饷银的恶劣旧习，袁世凯规定，军官一律不得插手军饷的发放，而是由放饷局把每月的饷银包好，按照兵士名册发放。士兵本人直接领饷银，袁世凯派一至二名军官负责监督发饷。

1897 年，22 岁的直隶人徐世昌来到小站，他看到的是一支军容严整、队列整齐、令出必行的军队；统帅袁世凯和普通士兵一样站在操练场上，一身戎装，声音洪亮，看上去精神抖擞。这位年轻的翰林院庶吉士被袁世凯任命为新军参谋营务处总办，成为袁世凯的幕僚。自此开启了他与袁世凯长达数十载的合作。两人互为同道，在晚清民初的政治舞台上留下了重重的一笔。

袁世凯很重视将领的培养和选拔，他物色的将领，一部分是湘军和淮军的宿将，如姜桂题、张勋等；一部分是武备学堂的毕业生，如号称"龙、虎、狗"的"北洋三杰"王士珍、段祺瑞、冯国璋。段祺瑞曾赴德国学习军事，冯国璋也去过日本。这些出身并不显赫的军人们，从小站这个起点出发，逐步成为民国政治舞台上呼风唤雨的人物。其中，担任督军以上职务者 30 多人，担任内阁总理、陆军部总长的 6 人，担任总统的 4 人。

1898 年，清廷命荣禄督练武卫军，分前、后、左、右、中五军，

接受检阅的北洋新军

袁世凯所练的新军被收编为武卫右军。翌年十二月初，清廷派袁世凯署理山东巡抚，武卫右军随袁世凯从小站调往山东。庚子年（1900年），武卫军被八国联军打得七零八落，聂士成所统率的武卫左军竟全军覆没，聂士成战死。唯独武卫右军因袁世凯镇压义和拳民、支持东南互保而得以保存。此后，袁世凯在武卫右军的基础上，编练北洋常备军、续备军、巡警等。

1901年11月，李鸿章逝世。清廷任命袁世凯为直隶总督兼北洋大臣。这一年，朝廷决定彻底淘汰绿营兵制，重新编练三十六镇新军（镇的编制大致相当于今天的师）。第二年6月，在保定成立北洋军政司（后改称督练公所），袁世凯任督办。1903年12月，朝廷成立练兵处，军机处领班大臣奕劻为总理练兵大臣；袁世凯任会办，握有实权，他以新军的老部下为班底，在北京、天津、山东建成北洋六镇军，合计7万余人。北洋军各镇将领几乎都出自小站，以袁世凯为首的北洋军阀集团由此形成。当时，全国各镇新军总计13万余人，北洋军在人数和战斗力上都远胜于其他新军，是绝对主力。

1905 年秋末冬初时节，北洋新军在河北河间举行军事演习——"河间秋操"。清廷邀请各国驻华武官、中外记者和各省代表前来观操。出现在众人眼前的是一支军容严整、装备精良、士气高昂的部队，而且，所有的士兵都剪去了中国男人独有的长辫子。自甲午战败后，清帝国终于拥有了一支像样的军队，这为坐在观操台上的帝国统治者们树立了信心。

第二年，清廷决定扩大演习规模，调遣张之洞所练的湖北新军北

新军在训练

新军操练场景

上，与北洋新军在河南彰德展开一场模拟搏杀，参与演习的官兵多达33000多人。谁也不曾想到，五年后的辛亥年，两军就在武昌城外展开了真正的残酷厮杀。

唐绍仪：民国首任总理为何撂挑子？

民国元年（1912年）六月十五日，天蒙蒙亮，一辆人力车穿过交错如织的胡同，直奔北京前门火车站而去。车中坐的人，是中华民国第一任内阁总理唐绍仪。一名内阁职员恰巧在火车站撞见唐总理，只见他一身便装，身后跟着三名随从，径直登上头等车厢。火车随即开往天津。这名职员急忙赶回内阁办公地——铁狮子胡同内的前清陆军部公署，向内务部总长赵秉钧报告了唐总理的行踪。赵秉钧急报大总统袁世凯，大总统获知后，一声叹息：如此，国事奈何！

唐绍仪

唐绍仪是不辞而别的。抵达天津后，他的辞呈才从天津电报局姗姗而来："绍仪现因感受风寒，牵动旧疾，恳请给假五日，赴津调治。唯总理职务关系重要，不容一日旷废，并乞大总统于国务员中简派一员暂行代理。"三个多月前（3月13日），唐绍仪受大总统之命，出任内阁总理一职。4月21日，唐绍仪组阁完成，在北京宣布内阁正式成立。新内阁的各部总长、次长大多出席成立大会，各界代表和媒体人士纷纷前来观礼，一派欢欣、蓬勃的场景。

时隔短短数月，堂堂内阁总理就撂挑子不干了。袁世凯立即派总统府秘书长梁士诒前往天津游说。在天津的利顺德饭店，唐绍仪和梁士诒通宵长谈。两人在袁氏幕下共事多年，私交甚笃。唐绍仪推心置腹地向梁士诒道出了苦衷：担任内阁总理的三个月内，沟通南北（北洋系和南方革命党阵营），委曲求全，却遭受各方阻挠，政治理想无法施展，不得已才挂冠而别。梁士诒苦劝无果。袁世凯心有不甘，随即派出陆军总长段祺瑞赴津劝说。面对说客，唐绍仪去意坚决，放出一句狠话：若要我留任，就用棺材来抬我吧。段祺瑞只得怏怏地无功而返。

无奈的大总统于 6 月 28 日在唐绍仪的辞呈上签署了自己的名字。此时，距离他任命唐绍仪为内阁总理不过短短 108 天。民国的首届内阁至此垮台。

唐绍仪出走一周后，十位内阁总长中先后有四位总长到总统府请辞，他们分别是农林总长宋教仁、教育总长蔡元培、司法总长王宠惠、工商次长王正廷（工商总长为陈其美，但他一直没有赴京就任，由王正廷代理政务）。他们都是同盟会成员。

袁世凯颇感沮丧。民国正值启灶之际，他不想这么早就与同盟会分

民国议会

道扬镳。大家的先后辞职让他有种被人遗弃的感觉。

时间追溯至 1912 年 3 月 10 日，南北阵营达成协议，袁世凯就任中华民国临时大总统。三天后，大总统按照南京临时参议院颁布的《临时约法》第四十三条，举荐唐绍仪为国务总理，委托其组织内阁。南京临时参议院顺利通过袁世凯的提议。

唐绍仪实在是国务总理的不二人选。他既是袁世凯二十多年的老部属，又是南方革命阵营的新朋友——他和孙中山是老乡，又在美国接受教育，政治理念与革命党人相近。在南北和谈中，他成功扮演了调和南北利益的角色。唐德刚先生在《袁氏当国》一书中这样写道："他（唐绍仪）具有现代政治家所应有的国际知识和经验，他和袁的长期友谊，也赢得了袁的高度信任。孙中山对他的尊重和乡情更是难能可贵。同盟会中的高干对唐也表现得极其友好，并竭力邀其加盟。由黄兴和蔡元培介绍，唐也于 3 月 30 日在一片热烈的掌声中，宣誓加入同盟会。"袁世凯对于唐绍仪的同盟会成员身份并不介意，他希望唐绍仪能成为串联南北阵营的中间人物。

唐绍仪的组阁之路并不顺利。当时，虽然革命结束了，宣告退位的小皇帝寓居深宫一角，孙中山如约让位，但平静的表象之下其实暗流涌动，各派系力量明争暗斗，一刻未曾停歇。唐绍仪走马上任，深知平衡各方利益是首届内阁成功的关键。他提议将内阁的外交、内务、财政、陆军、海军、实业、交通、司法、教育九部拆分为十二部，即外交、内务、财政、陆军、海军、工业、商业、农林（此三部由实业部拆分而来）、交通、邮电（从交通部拆分出来）、司法、教育。此举的主要用意是在内阁中增加总长和次长的职位，以便多安排几个人，缓和各派系力量在人事方面的争斗。不过，南京临时参议院不买唐绍仪的账，一番激烈的争论之后，参议院最终只同意将实业部拆分为工商和农林两部。

让唐绍仪感到苦不堪言的还有各部总长的人选问题。焦点汇聚在陆军总长这个重要的位置上。南方革命阵营力推黄兴，势在必得。他们认为，领袖孙中山已经把大总统的位置让予袁世凯，那么陆军总长之职非黄兴莫属。袁世凯可不这么认为，乱世当政，终究还是枪杆子说了算，陆军总长这么重要的职位，他无论如何也不允许其落入革命党人之手。在他看来，段祺瑞才是陆军总长的唯一人选。段祺瑞是追随他多年的铁杆拥趸，也是北洋系军人的头面角色。袁世凯明白，他的大总统头衔背后是北洋新军在撑腰，所以，当唐绍仪为黄兴力争陆军总长职位时，袁世凯态度坚决地说：如果芝泉（段祺瑞，字芝泉）不能担任陆军总长，那他这个大总统只好不当了。

革命阵营的二号人物黄兴是不计名利之人，正当南北双方争得不可开交之时，他挺身而出，在南方军界会议上声明自己无意陆军总长职位，更是声泪俱下地恳请大家从民国建设的大局出发，不要苦苦相争。其高风亮节可见一斑。黄兴退出角逐后，被袁世凯委以参谋总长职务，但他此时退隐之心已决，说什么也不肯出任。这一职位迟迟觅不到合适人选，只得由副总统黎元洪兼任。

陆军总长敲定后，唐绍仪拟定了其他各部总长的名单，即外交总长陆征祥、内务总长赵秉钧、财政总长熊希龄、教育总长蔡元培、司法总长王宠惠、海军总长刘冠雄、工商总长陈其美、农林总长宋教仁、交通总长梁如浩。从名单上看，南北双方人数相当（陆征祥为无党派人士，长于外交，名声在外；熊希龄为前清官员，擅长理财；段祺瑞、赵秉钧、刘冠雄、梁如浩出身北洋系，其余为南方革命党），但是北方担任的职位更重要，军政大权在握。

唐绍仪将费尽思量才拟定的名单提交到临时参议院，进入投票程序，结果交通总长遭到否决，唐绍仪随即提名立宪党中的名士汤寿潜为候补人选，同样没通过，无奈之下，唐总理只好亲自上马，兼任交通总长一职。

陈其美在辛亥革命时占领上海，随后拥军自立为沪军都督。从区域建制上看，当时的上海只是道台级别，隶属江苏省。陈其美得知自己被推选为工商总长，认为这是江苏都督程德全与唐绍仪的阴谋，设置虚职，剥夺他在沪的军政大权。所以，他自始至终没有赴北京就任。刚刚步入而立之年的宋教仁对区区农林总长一职不甚满意，他年少气盛，雄心勃勃地想自己组织内阁。还没正式赴北京任职，他就三番五次向唐绍仪请辞。财政总长熊希龄意识到草创的民国财政困难，棘手问题多如牛毛，心中也打起了退堂鼓。由于各种各样的原因，新任的国务员们迟迟未动身前往北京履职，唐绍仪拿出了十二分的耐心，四处游说，好言相劝，希望大家放下一时的小算计，共图大业。袁世凯也不断发电报催促。身在武昌的副总统黎元洪适时通电南京的国务员们，力劝他们迅速北上。电文言辞恳切，声泪俱下，在舆论界引发了轩然大波。各地报纸

民国国会选举

纷纷发表文章，不惜版面，浓墨重彩，或劝说，或斥责。国务员们在各方的压力下，终于启程赴京。

随即，南京临时参议院迁往北京，并由各省议会重新选出新的参议员。新的参议员又重新选举吴景濂为参议院正议长、汤化龙为副议长。

至此，大总统、内阁、参议院人员基本就位，民国的政治架构搭建完毕，虽然这一切显得那么仓促、草率，但是在短短数月内就完成了从专制帝制向民主共和体制的转变，实属不易。

早在1874年，唐绍仪作为清帝国派往美国留学的第三批幼童之一，入哥伦比亚大学深造，身在民主共和的环境中，耳濡目染，其政治主张与南方革命阵营相近。在组阁的过程中，他确实与革命党交往甚密，在袁世凯面前为南方阵营的利益据理力争，这些行为当然会招惹北洋系人物的不满，他们纷纷向袁大总统报怨唐的不是。唐绍仪似乎对自己和袁世凯的关系充满自信，对流言蜚语不屑一顾。然而，众口铄金，再铁的关系也经不起持续不断的耳旁风，听得多了，难免心生罅隙。

按照《临时约法》的规定，大总统发布命令，必须经过国务总理副署才能生效——这是南京临时政府为防范袁世凯专权而设置的一道"紧箍咒"。正是这一制度设计给唐绍仪带来无限苦恼。袁世凯举荐唐绍仪为国务总理的初衷是让他协助自己处理政务，而唐绍仪偏偏不甘愿充当袁世凯的棋子。由于政见不同，总统和总理经常起争执。

譬如，在内阁人员的安排上，唐绍仪主张南北兼顾，以便调和矛盾，袁世凯却恨不得多多安插自己的心腹。袁世凯还越级指挥段祺瑞、赵秉钧等人，把唐绍仪架空了；赵秉钧等人也不怎么把他这个总理放在眼里，经常不出席国务会议，弄得唐绍仪尴尬无比。

袁世凯在大总统的位置上也浑身不自在，唐绍仪原本是自己多年的属僚，现在自己反而要受其约束。唐绍仪又和南方革命党打得火热，处处为他们争取利益，难免让袁世凯觉得他"吃里爬外"。由于袁世凯所受约束过多，他颁布的大总统令往往得不到有效执行。参议院的参议员们大多是年轻人，从政经验不丰富，个个以振兴国家为己任，认死理，往往为某些条文争得不可开交，导致行政效率低下。这让早就习惯"凡事自己说了算"的袁世凯感到很不爽。

导致唐绍仪出走的导火索是直隶总督的任命问题。辛亥革命后，各省都督多为各省谘议局推选出来的，而且流行本省人担任本省都督的做法。根据这一成例，直隶通县（今北京通州）人王芝祥被拟推为直隶总督。王芝祥是前清将领，辛亥革命时附从革命，与革命党走得近。直隶省是北洋新军的核心地盘，直隶总督是各省总督之首，号称"天下第一督"，晚清重臣曾国藩、李鸿章都曾官居直隶总督，袁世凯怎么可能把这么重要的位置让给"外人"。唐绍仪却再一次与南方阵营站在了一起，同意由王芝祥出任直隶总督。他向袁世凯汇报了这件事，袁世凯未置可否，只是让王芝祥来北京。唐绍仪以为袁世凯同意了。

王芝祥很快就到了北京。当唐绍仪请大总统发布任命的时候，得到的却是北洋军将领严词反对王芝祥督直的通电。袁世凯把电文递给唐绍仪，唐绍仪看后虽大为光火，却也无可奈何。军人干政在民国的政治生活中是稀松平常的事。

随后，王芝祥单独面见袁大总统，并满口答应了大总统给他安排的新职位——南方军宣抚使。当王芝祥拿着任命书请唐绍仪副署的时候，唐绍仪竟丝毫不知情。他这个内阁总理被撇得彻彻底底、干干净净。他怒火冲上了脑门，拒绝在任命书上签字。王芝祥只好拿着未经副署的任命书去南京就任。

事情发展到这一步，他这个内阁总理已是形同虚设了。他决定出走。经过一夜的辗转思量，天微亮之时，他就叫了一辆人力车，直奔火车站而去。

他以这种固执而草率的行为，表达了自己对民主政治的坚守。

同盟会：它的朋友和敌人都是清政府

甲午年（1894年），中日战争爆发，清帝国惨败。痛定思痛，朝野上下都觉得应该向列强学习。清廷颁布了一系列政策，鼓励和资助青年知识分子出国留学。与大清国一衣带水的日本是留学生的首选，不仅距离近、费用少，而且大家普遍认为日本与大清同属亚洲国家，两国在种族、文化、国情等方面有许多相似和相通的地方，日本的富强经验更容易被嫁接到大清。

晚清重臣张之洞于1898年撰写《劝学篇》，其中就有专门的章节阐述留学日本的好处：西方知识虽然先进，但是宽泛而复杂，需要耗费巨大的时间成本才可能学有所成，而日本在自强过程中已经扬弃了不重要和不相关的知识，因此，向日本学习无疑能节约时间，提高效率，是一条终南捷径。

另一方面，日本政府也积极吸引大清国的留学生，在他们看来，多培养一个大清国的青年，就多了一份亲近日本的力量。长此以往，必能更好地控制大清。时任日本驻华公使的矢野文雄就曾向日本政府建议吸纳清国留学生，这样做的好处是：学习日本的学生一旦主政，必然会依照日本的制度来筹划清国的未来，日本的在华势力必然因此增长。

尽管中日之间打了一场甲午战争，但留日学生人数反而持续增长。

1904 年冬天，两广总督岑春煊派出 41 名青年学生赴日本学习法政，其中有汪精卫、朱执信等人，他们的学费全部由官府承担；另外还特别保送官绅 15 人同赴日本留学，其中有后来成为同盟会领袖之一的胡汉民。胡汉民是第二次来到日本，两年前他从日本退学回国，那时，在日本的留学生仅有 600 余人，但他重返日本时，留日学生人数已经超过 3000。1904 至 1905 年，留日学生从 3000 人激增至 8000 人以上，形成了一股不可小觑的力量。他们大多学习政治、法律和军事，思想开化。他们见识了大清与日本的差距，由衷地生出变革意愿。

日本不仅是留学生的聚集地，还是亡命政客的避难所，维新人士和革命党人大多匿居在此，继续从事政治活动。他们在留学生中不遗余力地宣传自己的救国理论。留日学生组织过许多编译团体，如译书汇编社、湖南编译社、教科书译辑社、会文学社、东新译社等，翻译了大量书籍，还创办了《新广东》《新湖南》《浙江潮》等杂志。激扬的是文字，传播的是主义。

孙中山和同盟会同僚们合影

黄兴与同盟会成员合影（前排右二陈天华、右三黄兴，后排左一宋教仁）

1903 年，章炳麟写了反清檄文《驳康有为论革命书》，冯自由将这篇文章与留日学生邹容所撰的《革命军》合并印刷，定名为"章邹合刊"。这本小册子在留日学生中传阅甚广，几乎无人不晓。清廷虽然竭力管制留学生的思想和行为，但是鞭长莫及，力所不逮，反而激发了留学生与清廷的对立情绪。革命思想在留学生中疯长。

庚子事变期间，沙俄乘乱派兵入侵中国东北。1902 年 4 月，沙俄与清廷订约，同意在 13 个月之内将驻扎在东北的俄军全部撤走，然而，到了 1903 年 4 月，沙俄不仅没有如约撤兵，反而增派军队，并向清廷提出种种无理要求。消息传开后，民众激愤，抗议的浪潮从国内席卷到国外。4 月 29 日，500 多名留日学生在日本东京集会，宣布成立拒俄义勇队，开赴东北前线与沙俄侵略军作战。愤怒的留学生不仅痛骂俄国人，也骂软弱无能的清廷和昏聩腐败的官员，革命思潮占了上风。

1903 年 4 月，《浙江潮》杂志刊发文章，号召留日学生打破地域界限，建立统一的革命团体。5 月，国内的《苏报》刊登文章，称邹容发起创立了中国学生同盟会。"同盟会"这个词第一次出现在人们的视线里。

经过两年的宣传和讨论，1905 年，倾向革命的留日学生基本形成了共识：成立一个联合组织，以此聚集来自各省的革命力量。因此，当孙文提出成立同盟会时，留学生纷纷响应。

1905 年 7 月 19 日，孙中山抵达日本横滨，经日本人宫崎滔天（另一种说法是杨度）引荐，与华兴会领袖黄兴在东京会面，两人一见如故，自此结下稳固的革命友谊。黄兴于 1902 年留学日本，次年拒俄运动爆发时，留日学生成立义勇队，誓与俄军决一死战，来自湖南的黄兴当场就报名参加了义勇队。毕业回国后，黄兴与宋教仁、刘揆一、秦毓鎏、陈天华等人在湖南长沙成立华兴会，被推举为会长。华兴会原定在慈禧太后七十岁万寿节时起义，但由于消息泄漏，黄兴被迫再度流亡日本。

此后，孙中山陆续结识了宋教仁、张继、李书城、汪精卫等人。

7 月 28 日，孙中山在《二十世纪之支那》杂志社会见陈天华和宋教仁时，提出成立一个联合组织。次日，华兴会成员赴黄兴住处，讨论与孙中山合作的事宜。

仅仅两天后，在东京赤坂区桧町三番黑龙会会所、内田良平家宅中，76 名中国人在此集会，他们来自兴中会、华兴会、光复会等团体，另有宫崎滔天、内田良平、末永节 3 名日本人。

兴中会于 1894 年 11 月在美国檀香山成立，宗旨是"驱除鞑虏，恢复中华，创立合众政府"，领导者是孙中山。

华兴会成立于 1904 年初，主要成员有黄兴、宋教仁、陈天华、张继、刘道一、刘揆一、章士钊、秦毓鎏等人。华兴会以推翻清朝的统治为目的，宗旨是"驱除鞑虏，复兴中华"。

光复会成立于 1904 年冬，主要成员来自江浙地区，骨干人员有陶成章、蔡元培、章炳麟、徐锡麟、秋瑾等人。光复会将当政的满洲贵族集团视为"异族"，认为满人对汉族的统治是殖民统治。光复会的宗旨在"光复"二字，即推翻清廷，恢复汉人的统治地位。政治誓词是"光复汉族，还我河山，以身许国，功成身退"。

三大革命团体的成员聚集在狭小的日式民居内，孙中山被推选为会议主席，他倡议大家联合起来，成立中国同盟会。湖南籍学生张明夷反对，他主张用"对满同志会"这个称呼。在当时，"反满"确实是动员、联合各种团体的最有号召力的口号。大多数人其实对孙中山所宣传的民主共和概念不甚了了。在他们看来，革命的目的就是推翻满人的统治。孙中山反驳道：清政府腐败无能，导致中国积贫积弱，所以我辈要推翻它，但满人若是同情我们，我们也可以准许其加入，我们的宗旨不仅仅是排满，还要废除专制统治、创立民主共和的政体。最后，大家都认同孙中山的意见。

经过会议表决，孙中山被推举为同盟会总理，黄兴为执行部庶务长。执行部下设庶务科、书记科、会计科、内务科、外务科、调查科，此外还有暗杀部、评议部和司法部。各部、科的负责人分别推定。会议还决定以《二十世纪之支那》杂志作为同盟会的机关报，后改名为《民报》。

随后，大家填写盟书，在孙中山的带领下宣誓"驱除鞑虏，恢复中华，创立民国，平均地权，矢信矢忠，有始有卒，如或渝此，任众处罚"。

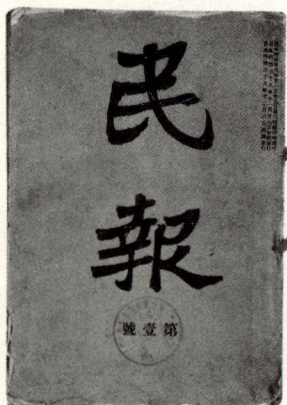

《民报》

忽然有人问孙中山："他日革命告成，先生其为帝王乎？抑为民主乎？请明以教我。"当时，孙中山和黄兴竟然一时回答不上来。这时，一个名叫程家柽的人站出来解围，说："革命者，国人之公事也，孙先生何能为君主民主？唯在吾人之心中，苟无慕乎从龙之荣，则君主无自而生。"一个很重要的问题，就这么被敷衍过去了。

散场时，忽然听到"轰隆"一声响，室内木板倒塌，众人受惊，孙中山幽默地说："此乃颠覆满清之预兆！"大家拍手欢呼。

同盟会成立后不久，就在国内、南洋、美洲、欧洲等地相继建立了支部，吸纳了一大批进步的知识青年，革命力量迅速壮大。到1905年底，同盟会会员为506人，1906年底增至956人。其中，广东人最多，170人；湖南次之，158人；四川127人，位居第三。

正是清廷一系列不得人心的政策把帝国的精英推向了革命阵营，从这一点来看，清廷更像一个在不知不觉间为革命党帮忙的朋友。

黄兴：留守穷城难为无米之炊

1911年10月12日，刚刚抵达美国科罗拉多州丹佛城的孙中山在报纸上看到了武昌起义的消息。他的兄弟们在重洋之外的武昌城起义了，他思虑再三，决定暂时不回国，而是留在美国，请见美国国务卿和日本外交官，随后前往欧洲，游说各国政要。他希望能够获得外国人的贷款和支持，但是这些努力没有得到积极的回应。11月23日，他离开巴黎，踏上了回国之路。直到12月25日，他乘坐的英国邮轮"丹佛"号才在上海吴淞口靠岸。时隔十六载，这位革命家才结束海外流亡生涯，回到故土。

江浙革命联军在 12 月 2 日攻占南京，没过多久，金陵城下就集聚了二十多万响应起义的士兵，他们在各路将领的统率下，从江苏和邻近省市陆续赶来。孙中山抵达南京时，受到了革命阵营的热烈欢迎，并且被拥戴为临时大总统。大家都以为孙先生肯定从海外带回大笔的真金白银，因为他常年奔走于海外，与外国政府建立了良好关系。

1912 年 2 月，南北和谈告成，大清亡，民国兴。孙中山如约卸任临时大总统职位，转而去实践他所倡导的民生主义，号召人民兴办实业，并亲自担任全国铁路督办，准备筹借外资修筑铁路干线。南方革命阵营的二号人物黄兴暂时留守南京，负责善后。南京临时政府解散，附着于政府的政客们轻装简行，前往北京的新政府。驻扎在南京城外的二十多万士兵却不可能北上进京。二十多万士兵意味着二十多万张嘴，四十多万只手。张嘴要吃饭，伸手要军饷和枪械。这让黄兴苦恼不堪。

当时，驻扎在城外的军队可谓鱼龙混杂，沪军、浙军、铁血军、卫戍军、光复军……名目繁多。自封师长者二十六人，号称军官者更是多如牛毛。各路军官名下的士兵数量也含混不清，数百至数千人不等，以至于临时政府的陆军部难以统计出确切的兵员数量。各支军队互不统属，军官们为了扩充自己的队伍，不惜互挖墙脚，闹翻了就开枪互射。虽然高举革命大义，但大义不能当饭吃，军官们整日奔走于陆军部，讨薪索饷。他们听说孙先生并没有携带巨款而来，失望至极，立刻翻脸不买账，还讽刺他"放大炮"。南京临时政府在 1912 年 3 月的财政支出总计为 975 万元，其中陆军部支出 893 万元，其余各部的支出相比之下都可以忽略不计了。

很多人纳闷不解：此时，聚集在南京城外的军队如此之多，黄兴可谓手握重兵，其地位相当于身兼六省总督，何不挥师北伐，荡平北洋

黄 兴 　　黄兴与华兴会部分成员（左一为黄兴，左四为宋教仁）

军？殊不知，兵多并不代表战斗力强。革命军虽然人数众多，但是只有粤军、浙军擅打仗，称其余部队为乌合之众一点儿也不为过。何况，打仗太费钱，留守在南京的黄兴最缺的就是钱了。

南京临时政府的财政状况相当糟糕。由于革命导致的地方秩序混乱，财政基础瘫痪，征税系统无法运行，地方政权又各自为政，赋税根本收不上来。孙中山寄希望于外国，举外债以解燃眉之急，但是直到南京临时政府解散，外国列强也没有伸手接济。黄兴身为临时政府的陆军部总长，每日为筹措饷银各地奔走。蔡元培当选为临时政府教育总长时，穷得连办公场所都没有，他询问孙中山，得到的回答是："此须汝自行寻觅，我不能管也。"后来还是在时任江苏都督府内务司长马相伯的帮助下，借南京碑亭巷内务司楼上三间房间作为教育部的办公室。蔡总长乘坐人力车去总统府领印章，更是被传为笑谈。

唐绍仪内阁成立时，黄兴自愿退出了陆军总长的角逐，对袁世凯给他安排的参谋总长职位也是力辞不就，袁世凯随即任命黄兴为南京留守，负责裁撤南方革命军，黄兴竟一口答应下来。他委任李书城为南京留守府总参议，马相伯为政务厅长，张孝准为军务厅长。

裁撤军队是需要钱的——没拿到足额的遣散费，谁甘愿放下手里的武器拍屁股走人？二十多万的士兵，有多少人真是为了革命大义？恐怕怀揣升官发财梦的人占了绝大多数吧。由于欠饷严重，再加上军队还要被廉价遣散，士兵们连干饭都吃不上，只能喝稀饭勉强度日。士兵们终于不干了。4月11日夜晚，俞应麓统率的江西军第二十七、二十八团总计二千多士兵哗变，端着枪跑进南京城大肆抢夺钱财，还滥杀无辜，影响极恶劣。兵变发生时，黄兴不在南京，留守府的总务处长何成濬急调王芝祥统率的广西军进城平乱，不少哗变士兵被当场处死。翌日天晓，叛乱才被平息。事后，被处死的乱兵多达七八百人。当黄兴急匆匆赶回南京时，士兵们的头颅已经纷纷落地。他不忍卒视，心中自是悲苦万分。毕竟，这些追随他的士兵是因为供给极匮乏，才铤而走险去抢劫的，他作为军队的最高统帅，负有不可推卸的责任。

军队发生哗变后，黄兴一面加紧裁军步伐，一面给袁世凯当政的北京政府发去急电，诉说军队岌岌可危的情形，请求财政援助。袁世

南京临时政府时的孙中山与黄兴

凯对此置之不理，因为北京政府自顾不暇，财政状况同样窘迫。退一步说，袁世凯即便有钱，也不会接济革命军，他巴不得革命阵营鹬蚌相争，自己渔翁得利。

唐绍仪在北京组阁后，熊希龄当选为财政总长。赴京上任前，黄兴再三嘱托他筹集一笔军队遣散费。熊希龄对这件事十分上心，上任后即与四国银行团（即英国的汇丰银行、法国的法兰西银行、德国的德华银行、美国的美国银行）接洽，商议善后借款事宜。熊希龄的"理财高手"之名绝非虚传，他凭借自己的好口才，说服四国银行团的代表们，答应出借7000多万两巨款。不过，四国银行团的巨款也不是随随便便就借出去的，他们要求派人对中国的财政、军政进行监督。熊希龄还没来得及向黄兴报告此消息，就收到了一封电文，斥责他甘受外国人愚弄，使军政受制于外国，国家权力丧失殆尽。电文措辞严厉，不留颜面。落款处赫然署有"黄兴"二字。熊希龄火冒三丈，他本是受黄兴所托才费心尽力去借款的，没想到现在反遭斥责，一片好心挨了一记响亮的大耳光，这口气怎么咽得下？盛怒之下，熊希龄把黄兴发给他的催款电文公之于报，并将黄兴狠狠嘲讽了一番。两人自此闹翻。得罪了财政总长，黄兴的日子更加难过。

经过一番裁撤、整编，黄兴终于把手里的这个烫手山芋处理得差不多了——安徽都督柏文蔚带走了镇军，浙江都督朱瑞带走了浙军，江苏的军队交由江苏都督程德全统率，扬州的军队归中央政府直辖，广西、广东等地的军队或遣返原籍，或就地解散。

大功初成，黄兴执意向袁世凯辞去南京留守的职位。同盟会希望黄兴留任，以便保留实力，在南京形成一个与北洋势力相抗衡的力量，但黄兴去意已决。1912年5月31日，袁世凯批准了黄兴的辞呈，南京留守府由江苏都督接手。黄兴悄然离开南京，回到阔别多年的故乡湖南。离去的那一刻，想必他长长地舒了一口气。

汤化龙：立宪迷也热衷于革命

武昌起义能够成功，当然离不开革命党人长年累月、极其艰辛的工作，但是要说直接的关系，还真没有。起义的枪声在武昌城上空响了很久，革命党领袖才姗姗而来。1911 年 10 月 28 日，同盟会二号人物黄兴在宋教仁的陪同下，乘坐轮船从上海赶到武昌，就任革命军战时总司令。孙中山此时流亡海外，在美国犹他州盐湖城附近四处演说，为革命募集资金，远隔万水千山，对这场起义的情况所知甚少。

汤化龙

起义是在仓促间发动的，起事的士兵们吓跑了湖广总督瑞澂，赶走了统制（相当于师长）张彪，攻占了总督府，才发现缺一个首领。协统黎元洪被起事的士兵架了出来，却是个一言不发的"菩萨"。毕竟，人家黎协统是吃皇粮的，在体制内也算混得不错，造反是要冒砍头风险的，搁谁身上也是一百个不情愿。倒是一个叫汤化龙的人适时登场，对稳定起义形势、保全革命果实起了非同小可的作用。

汤化龙，字济武，湖北蕲水（今浠水）人。1904 年中进士，授刑部主事。两年后，他自请留学日本，入东京法政大学学习法律。正是在这一年，清廷下旨宣布实行"预备立宪"。1908 年秋，汤化龙学成归国，任湖北谘议局筹办处参事。筹设各省谘议局是预备立宪的重要内容,这一机构主要负责议论本省应兴应革之事项,如预算、决算、税法、公债等,相当于各省的临时议会。武昌起义前,汤化龙已经被选举为湖北省谘议局的议长。1910年,在京师召开的各省谘议局联合会第一次会议上,他被推举为会议主席,是第三次立宪请愿运动的领导者之一。

辛亥年五月,清廷的"皇族内阁"出台,汤化龙和他的立宪同党们都凉透了心。从内阁人选的名单来看,把持政权的满人亲贵们毫无立宪诚意(新内阁的13名国务大臣中,满洲贵族9人,汉族官僚仅4人,而满洲贵族中皇族又占7人),反而有借立宪之名揽权的嫌疑。作为改良派名士的汤化龙,对清廷绝望,对革命反倒同情和亲近了。

正是在这样的背景下,起义的士兵们邀请汤化龙参加新政府的会议,他欣然前往。起事的第二天,士兵们去谘议局找他,他不在,众人正惶

皇族内阁成员:内阁总理大臣奕劻(皇族)、内阁协理大臣那桐(满)、内阁协理大臣徐世昌(汉)、外务大臣梁敦彦(汉)、民政大臣善耆(皇族)、度支大臣载泽(皇族)、学务大臣唐景崇(汉)、陆军大臣荫昌(满)、海军大臣载洵(皇族)、司法大臣绍昌(皇族)、农工商大臣溥伦(皇族)、邮传大臣盛宣怀(汉)、理藩大臣寿耆(皇族)。

惶不知所往，他自己从家里跑来了，并且爽快地表示愿意出面组织新政府，担任政事部长。除军事由都督黎元洪负责之外，其余职责皆由汤化龙大包大揽。湖北军政府收到的第一笔资助，就是汤化龙动员谘议局议员募集而来的。在革命形势尚不明朗的时候，如此迅速而果决地加入到"造反"的队伍中来，甘冒砍头灭族的大风险，这不是一件容易的事情。

出山的汤化龙积极地给起义士兵们出主意，他告诉起义士兵，清廷官员柯逢时家中有通信密码本，可以用来与各省联络；他建议他们给全国各省发电报，把起义的消息扩散出去，争取更多的响应。汤化龙亲自捉刀，起草起义通电，痛批清廷当政者假意立宪，实为揽权，排挤汉人。改良派的主要政治诉求就是通过立宪，削弱满人的专权，汤化龙代笔的通电道出了他们的心声，也在他们的怒火上浇了一桶油。手里有点权力的立宪党人纷纷响应，投身革命阵营。江苏和浙江两省的独立，主要是立宪派领袖张謇和汤寿潜的功劳。

武昌起事，清廷必要反扑。摄政王载沣谕令陆军大臣荫昌率北洋劲旅，试图与驻扎在武昌城外的张彪余部汇合。瑞澂被撤职，但仍暂时署理湖广总督，戴罪立功，他待在"楚豫"号兵舰上等待援兵（当然也是方便随时开溜）。舰队也在海军大臣萨镇冰的率领下开往湖北。

起初，黎元洪虽被推为军政府都督，却不视事，起义士兵依然处于群龙无首状态。汤化龙苦苦相劝，最终说动了这尊"黎菩萨"。黎元洪是一旦下定决心做事就格外决绝的人，他率领起义士兵击败了张彪余部，赶走了"楚豫"号兵舰。萨镇冰的舰队开到武昌城外，并没有急于向起义部队开火。黎元洪是北洋海军出身，早年曾在李鸿章创办的北洋水师学堂就读，他的班主任就是福建人萨镇冰。在战场上对垒的两军将领因为有这一层师生之谊，就存在着沟通的可能性。学生托人给老师带去一封信，信上所言不得而知，老师看了信，默然不语，却在战场上趋于中立了。汤化龙的弟弟汤芗铭就在海军舰队里任职，是萨镇冰身边的参谋官。萨镇冰的中立，与汤氏兄弟的斡旋有不少关系。不久，萨镇冰借说年事已高，愿意隐退，他乔装为商人，乘坐太古轮船公司的客船去了上海。汤芗铭随即被推举为临时海军司令。等到北洋军南下与起义军交战，海军舰队就把炮弹打向了清军阵地。

督师赴鄂的荫昌也相当不给力，手握着号称当时最强劲的北洋新军，没有争分夺秒地扑灭起义火种，而是先派了两个标（相当于团）的兵力把守武胜关（位于河南信阳，地处河南与湖北两省交界处）。拖到十月底，北洋两个镇的兵力才全部抵达前线，与起义军展开了像样一点儿的战斗。荫昌这个战时指挥官一点儿也不称职，先是在信阳逗留，迟迟不愿赴鄂，后来终于进入了湖北境内，却赖在火车上指挥战斗。火车前后各安一个车头，摆出一副随时开溜的样子，还派重兵把守，唯恐敌军打过来。统军的将领这么胆小，部队的士气怎么可能好到哪里去？

就在荫昌迟疑、畏缩的半个多月时间里，起义军站稳了脚跟，扩充了兵员，起义的消息通过各地报纸的刊载，最大限度地扩散了出去。湖北各地纷纷响应起义，临近的湖南、江西两省先后宣布独立。革命的火种已经烧了起来，大有燎原之势。

10月28日，黄兴和宋教仁赴鄂。宋教仁这一年29岁，年纪轻轻却已经是革命阵营的元老级人物。1903年，他与黄兴一起在湖南创立华兴会，任副会长。1904年东渡日本，就读于东京法政大学，与汤化龙结下同窗之谊。1905年，他协助孙中山创立同盟会，任司法部检事长。

宋教仁来武昌的目的，是建立临时中央政府，争取外国的承认，让各国领事宣布革命军并非"叛匪"，而是与清政府具有同等地位的交战方。他与昔日同窗汤化龙在武昌见面，交谈甚欢，两人政治主张相近，都是宪政的铁杆拥趸。在两人的合议下，一份具有临时宪法性质的文件《中华民国鄂州临时约法》诞生了，这份文件已经透射出三权分立的思想。

汤化龙是湖北省名声显赫的士绅，而士绅阶层是地方实力派，因为他们手里有大把银子，人脉关系也极广，官府和军队都给他们面子，买他们的账。在武昌起义爆发前，汤化龙领导着武汉的保安会。保安会是由商界和城市居民出于自保目的而组织的松散机构，会员多为店铺的伙计和市民，主要负责城市的治安和消防。但凡革命，总不免要发生些土匪趁火打劫、乱兵哗变抢钱之类的社会动荡事件，但是武昌起义之后，城市的秩序维持得相当不错。军政府因为名绅汤化龙的加入，获得了湖北士绅阶层的普遍支持，他们配合汤化龙，协调各地的保安会维持治安，成效显著。

因为有汤化龙这样的改良派的深度参与，辛亥年的革命变得温和多了，破坏少了，建设性的工作多了，流血少了，这实在是我们这个百年多难的国家和民族的幸事。

武昌起义场景

→ 顶戴花翎的生意人

难为李鸿章：骡马牵拉的"铁路"

1876年8月3日，在上海至吴淞的铁轨上，一名中国人躺在血泊里，死状惨烈。他是被当地老百姓称为"火车"的庞然大物给碾死的。说起那个大家伙，铁路沿线的老百姓眼里都是惊恐。那个跑起来轰隆作响、头顶冒白汽的怪物被视为破坏地脉和风水的不祥之物。

从上海到吴淞的铁路，是吴淞道路公司修筑的。其实，所谓公司只是一个幌子，真正的主事者是盘踞在上海的老牌英资财团——怡和洋行。洋行，是外国资本在华设立的贸易商行或代理行号的通称，欧美人称之为公司。早年，怡和洋行凭借鸦片在中国大发横财。林则徐禁烟的

吴淞铁路开通

45

时候，该洋行的创始人就亲自游说英国政府与中国开战。战争终于撬开了天朝的大门，怡和洋行以枪炮作后盾，将资本之手伸向中国的道路、船务、矿务、银行等领域，实行多元化经营。

英国人登上天朝的海岸，面对一个有着四万万人口的泱泱大国，不禁激动起来。他们迫不及待地向中国输送商品和资本，以谋求更多的利益。在天朝的土地上修筑铁路，无疑能加速扩张的步伐。怡和洋行当然不会放过这样的机会，他们声称吴淞至上海的河道淤塞，疏通困难，大吨位轮船无法停靠上海港，为了货物中转的便捷，向清廷请求修筑从吴淞到上海的铁路。

早在1865年，英国商人杜兰德就在京城宣武门外修筑了一条500米的铁路，这条铁路沿护城河而筑，由小铁轨铺成，使用蒸汽机车，只有三节车厢，跑起来迅疾如风。杜兰德修筑这条铁路的目的只是供人观赏，广告一下而已。可是，京师步军统领看到火车后，大惊失色，勒令英商从速销毁。

洋人对修筑铁路越热心，清廷的戒备心理就越强烈。天朝的大门是洋人用枪炮撬开的，清帝国的统治者们虽不情愿，但不得不允许洋人在眼皮底下招摇过市，不得不租地给洋人，让他们建立"国中之国"（租界）。所谓来者不善，清廷知道洋人热衷于修铁路，无非是为了更快更多地攫取利益。

在杜兰德修筑"广告铁路"后（1867年），清廷就要不要修铁路展开了激烈的讨论。福建巡抚李福泰指责铁路"惊民扰众，变乱风俗"，修铁路需要开山架桥，会惹怒山神和龙王，招致灾难。江西巡抚刘坤一自负地说，中国道路通达，驿站完备，根本用不着铁路。务实的洋务派大臣曾国藩也不赞成修铁路，他认为铁路是豪强掠夺贫民之利的工具。

此时，朝野上下，主张修铁路者势单力薄，孤掌难鸣。

所以，当怡和洋行向清政府提出修铁路的请求时，清政府委婉地拒绝了。

怡和洋行没有真的在意清廷的态度，他们成立了吴淞道路公司，谎称修建吴淞到上海的马路，以此作为幌子，向清廷购买土地，然后大兴土木，在修好的路基上铺设钢轨。很快，工程竣工，开始试车，头顶喷着白汽、跑起路来轰隆作响的蒸汽火车在吴淞与上海之间急速穿行。铁路沿线的百姓们惊恐万分，担心这个大家伙污染庄稼、破坏风水，纷纷反对。上海道台和南洋大臣出面与英国领事交涉。在清廷的压力下，怡和洋行表面上答应停车、停工，实则阳奉阴违，修完了预先规划的铁路，全长约 14 公里。火车也肆无忌惮地来来去去。

自从火车轧死人之后，抗议的声音达到了顶点。铁路沿线的乡民们群情激奋，阻止火车继续行驶。清廷更是派出了李鸿章与英国驻华公使谈判，一番艰难交涉之后，怡和洋行同意清廷以 28.5 万两白银收购铁路（英方开价 30 万两白银），钱款在一年半内分三次付清，在未付清之前，铁路照常营运。

协议达成、钱款付清之后，李鸿章委派盛宣怀奔赴上海办理铁路交接之事。盛宣怀代表清廷做的第一件事，就是宣布立即拆毁铁路。身为洋务大员的盛宣怀当然知道铁路的重要，但是，在如火如荼的反对声浪中，他也无能为力，只好眼睁睁看着铁路被拆。拆下来的枕木被洋务派大臣刘铭传带到香港，铺了一条铁路，后来刘

李鸿章

铭传调任，铁路又被拆掉，这批枕木再度"流浪"到旅顺口军港，修了一小段运送炮弹的铁路，这段铁路最终在日俄战争中被炸毁。

1880年，中俄因伊犁的主权问题关系紧张，战事一触即发，身为淮军高级将领的刘铭传应召进京，商议防务对策。李鸿章觉得这是建议修铁路的好契机，因为战事一起，运兵就会成为重要问题，而修铁路是解决这个问题的最好对策。于是，李鸿章授意刘铭传，向清廷上《筹造铁路以图自强折》。在奏折中，刘铭传认为修筑铁路是救国强国的关键点，并提出具体的铁路规划线：以京城为起点，分别修筑到清江浦、汉口、盛京、甘肃四条铁路。李鸿章和刘铭传都清楚，此时的大清帝国国库空虚，财政捉襟见肘，一贯务实的他们建议先修清江浦至北京这一条。

李鸿章随即上奏折，呼应刘铭传。他深知朝廷最关心修路的费用和主权问题，所以，他在奏折中直言：修筑铁路的费用巨大，不得不借外债，但绝不允许外国人拥有路权，一切招工、采购原料、铁路经营等事宜，都由国人自主决定，借债者不得过问，债务只能由铁路运营的利润来偿还，不以海关税收为担保。李鸿章举荐刘铭传主持修筑铁路，还提出调遣淮军去修铁路，以节省开支。

然而，反对者的声音不绝于耳，他们罗列修铁路的种种弊处，还莫须有地指责李鸿章和刘铭传貌似一对卖国贼。最终，清廷发布上谕，否决了刘铭传的奏折，修筑铁路之事不准再议。李鸿章虽然心有不甘，但也无可奈何。

1878年，李鸿章得到朝廷的批准，筹建开平矿务局。这座大型新式采煤企业位于直隶省唐山开平镇。李鸿章任命唐廷枢为总办。三年之后，矿务局投产，雇工3000多人，产煤量逐年大幅攀升，主要运往天津、牛庄、烟台、上海等地。然而，运输工具极其落后，主要依赖牲口车和轮船，效率低，成本高，难以与进口的洋煤竞争。

为了改善运输条件，李鸿章奏请朝廷，希望在唐山至芦台之间修筑一条运煤铁路。慈禧太后以为，铁路筑在矿山之中，不会造成不良影响，就批准了。没想到，准奏的消息刚传开，反对的奏章就纷至沓来。慈禧太后修铁路的决心本来就不坚定，扛不住如潮的反对声，很快又收回成命。

修铁路被叫停，无奈的唐廷枢只得另想办法，他决定在矿区和芦台之间开凿一条运河。运河从芦台一直挖到胥各庄，长达35公里。可是，到了胥各庄，唐廷枢傻眼了，因为从胥各庄到唐山这一段，山高坡陡，根本没有挖掘运河的可能。在反复思量之后，李鸿章和唐廷枢决定在唐山矿区和胥各庄之间修一条"快车路"。李鸿章上奏朝廷，只说是修"马路"，西太后勉强准奏。

李鸿章修筑的不是马路，而是一条真正的铁路。他聘请英国人为总工程师，修路基，铺枕木，架设钢轨，费时5个月，建成了一条长约10公里的铁路。低调的李鸿章只敢使用动力极小的小机车作为火车头。然而，当唐胥铁路上响起火车的轰隆声时，朝廷的反对者们还是炸开了锅，有人甚至声称，火车运行的巨大响声会惊动大清的皇陵。可事实上，坐落在马兰峪的皇陵距离唐胥铁路有近百公里。搬出这样的理由，简直让人笑掉大牙。可在当时，这着实吓坏了李鸿章。

在清廷的反对下，滑稽的一幕终于上演：骡马牵引着运煤大车，晃晃悠悠地行驶在钢轨之间，唐胥铁路真的成了"马路"。直到清朝与法国因越南主权问题而交恶，战事已经不可避免，清廷的兵工厂、轮船、军舰等急需用煤，为了备战，需要加快运煤的速度，清廷这才准许使用机车作为火车头。李鸿章立即向英国购买了两台蒸汽机车，唐胥铁路终于成为名副其实的铁路。

骡拉的火车

为了庆祝唐胥铁路通车，唐廷枢特意张罗了一个典礼。不过，出席通车典礼的李鸿章却显得忧心忡忡，因为清廷再次否决了他的修路计划。此时的李鸿章已经66岁，他希望在有生之年，为孱弱的大清多做些实事。可是，他越来越感觉到举步维艰。外有列强虎视眈眈，内有守旧派造谣生非，他必须小心翼翼，哪怕自己已经是权倾朝野的重臣。李鸿章一直希望在天津和通州之间修筑一条铁路。通州紧挨着京城，修好了铁路，运兵快捷，对京城的安全有重要意义。

朝廷的反对者们列举了修铁路的三大害："资敌""扰民""夺民生计"。李鸿章呈送奏章，逐一反驳，并且列举出修筑铁路的九大利，解惑释疑，斥责某些官员的无知妄言。在李鸿章看来，广修铁路是挽大厦于将倾的重要举措，有利于沟通南北物流，兴旺商埠，富民强国；有利于输送兵员，驻防各地的军队可以迅速集结，拱卫京城，巩固国防；有利于物资调配，转移灾民……他在奏章中写道：我李鸿章老了，报效国家的时间不长了，即便每件事都顺利办成，又有什么大不了的用处呢？我只希望反对我的君子们不要总是援引前人说过的话，睁开眼睛看看世界吧，不要为了虚名而忘记了实情，不要固守成见而忽略了长远的目标，如果做到了这样，真是国家大幸！悲愤之情，溢于言表。

为了说服西太后同意修铁路，李鸿章可谓煞费苦心，他在法国订购了六节装饰精美的火车车厢，漂洋过海运到天津码头，再装上驳船，通过运河到达通州，而从通州到京城完全由苦工们推拽着车厢在铺好圆木的地上缓缓移动。六节车厢历经辗转腾挪，终于送进了西苑（今中、南、北三海）的宫闱之中。

车厢被安放在一条1500米长的小铁路上，太监们高举黄幡，精美的车厢在人力牵引下缓缓前行，西太后坐上"人力火车"，尝了一回鲜。

庚子年，西太后在顽固守旧派的撺掇下，支持义和拳民的"扶清灭

李鸿章视察唐胥铁路

51

洋"运动，义和团杀洋人、杀教民、毁电杆、扒铁路、烧火车、攻击使馆……惹怒了列强，于是八国联军进京，清军溃败，西太后仓皇奔逃。李鸿章再次被清廷搬出来收拾残局，签下了所谓丧权辱国的《辛丑条约》，一世功名尽毁。悲愤交加的李鸿章呕血不起，不久在贤良寺悲凉地死去。

也许，唯一值得李鸿章欣慰的是，在他去世之后，两宫是坐着真正的火车从西安回銮的。

轮船招商局："官督商办"的滥觞

盛宣怀没有想到，自己忙活了好一阵子，李鸿章只给了他一个会办的职位。会办是二把手，一把手总办的位子由李鸿章的另一个心腹朱其昂担任。这是1872年底发生的事情，那时候，轮船招商局刚刚在上海设立。

朱其昂承办海运多年，任浙江漕运局总办、浙江海运委员，深受江浙府台的信任，与其弟朱其诏经营沙船（防沙平底船，因适于在水浅多沙滩的航道上航行，故名沙船，而不是用于运沙的船），高峰时有沙船

轮船招商局的货船

60 艘，船工 3000 多人。

早在洋务运动肇始之际，清帝国的通商口岸就已经有不少商人购买或租赁洋船了，只是清廷严令禁止这一行为，商人们只得把买来或租来的船寄于洋商名下。一些商人和开明官员向朝廷建议由华人筹建新式轮船企业，清廷担心企业化运作后，航运业被商人或外国公司操控，漕粮运输受制于外人。然而，随着外国商船的兴行，担负着运输漕粮任务的旧式航运业呈现一片凋敝景象，濒临破产。漕粮是官府征自田赋的粮食，其中的一部分需要经过水路、陆路运往京师或者其他指定的地方。运送漕粮的目的是供宫廷消费、百官俸禄和军饷支付等。道光年间，运漕的沙船多达 3000 余艘，而到 19 世纪 70 年代初，锐减至 400 艘。

19 世纪 70 年代，洋务运动初见成效，在洋务派大臣们的苦心经营下，一批现代军工企业拔地而起。

由曾国藩创建的安庆内军械所，是清帝国新式兵工厂的启灶之作。曾国藩委派容闳前往美国购置兵工厂所需设备。十年后，容闳谨遵曾国藩的遗志，历经艰难，最终派出了 100 多名幼童赴美留学。安庆内军械

江南制造总局炮厂

福州船政局建造舰船

所于创设的第二年，在徐寿、华蘅芳等人的主持下，研制出第一台蒸汽机。曾国藩在日记中不无兴奋地记述了他的观感："窃喜洋人之智巧，我中国人亦能为之，彼不能傲我以其所不知矣。"三年后，由徐寿、华蘅芳二人设计建造的第一艘蒸汽轮船"黄鹄"号成功试航。

由曾国藩规划、李鸿章筹建的江南制造总局，从生产枪炮弹药开始，日渐发展成集机器制造、熔炼钢铁、修造船舰为一体的巨型企业。江南制造总局还别出心裁地附设广方言馆、翻译馆、工艺学堂，译介西书，培养翻译和科技人才，对晚清知识分子吸收西学可谓功不可没。

由闽浙总督左宗棠创建的福州船政局，造出了第一艘铁甲军舰。该局在继任船政大臣的沈葆桢的苦心经营下，成为远东最大的造船厂。

洋务派办实业，除了要小心翼翼地绕开观念上的雷池，还面临着国库羞涩的难题。巨额的战争赔款已经让清政府的财政捉襟见肘。洋务大臣们开办的军工企业，日常开支甚巨，左支右绌，难以维持。1872年，内阁学士宋晋向清廷上奏，主张停办江南制造总局和福州船政局，理由是开销太大，不堪承受。清廷谕旨李鸿章和左宗棠、沈葆桢复议，三人均反对宋晋的主张。他们认为两局建造兵船，关系着帝国的海防，岂能吝惜资费，轻言停造？对于如何解决经费困难的问题，李鸿章在他的奏折中提出了切实的方法：一是裁撤在沿江、沿海各省服役的旧式舰艇，由两局所建造的兵船取而代之，节省下来的费用划拨两局；二是批准两局兼造商船，供华商租赁，另辟财路，贴补两局的开销。

19世纪70年代，英美公司在中国的航运业务已经相当繁荣，长江上不时有江轮驶过。当时，在华势力较大的轮船公司有美商开办的旗昌洋行、英商开办的太古洋行和怡和洋行。旗昌和太古两家公司联手订立了"齐价合同"，基本垄断了中国沿海和长江的航运业务。

李鸿章见到这一情景，就有心创办一家中国轮船企业，既保护华人在航运领域的权利，又可以在其中获取利润，为庞大的军工企业输送经费，还能顺带解决运输问题。然而，创办轮船公司所需的资金从何处募集？购置船只、招募人员、修建码头和栈房等，处处需要银子。

一筹莫展之际，年仅28岁的盛宣怀为李鸿章出了一个主意。他建议商人出资，由官府督办。具体做法是：以官府名义发行股票，民间商人出资购买股票，以这种方式入股；企业年利润由官府先行提取，剩余部分按照股票规定的利息率分配给商贾。

这一变通方法，既可募集民间资金，又由官府牢牢掌控企业所有权和经营权。李鸿章颔首认可，他在上奏给朝廷的《论试办轮船招商》折中写道："目下既无官造商船在内，自无庸官商合办，应仍官督商办，由官总其大纲，察其利病，而听该商董等自立条议，悦服众商。"获得朝廷准许后，轮船招商局于1872年设立。它是在洋务运动中诞生的第一个民用企业。

盛宣怀早已拟好了《轮船招商局章程》，详述了公司运营的规章和方法，甚至建议朝廷每年分拨四十万石漕粮，由轮船招商局负责承运，这样就拥有了一块垄断利润。这一招在盛宣怀日后创办的企业中屡试不爽，成为他的撒手锏。此时的盛宣怀还只是李鸿章幕中上百名门客中的一位，他只取得了秀才的功名。与其他门客相比，他的资历平平。不过，李鸿章却格外器重这位身上并无光环的青年。盛宣怀为人圆融，处事务实，富有胆识，精于斡旋，是难得一见的商业奇才。

盛宣怀

盛宣怀无比热心地参与筹建轮船招商局，自然是希望能负责该局的经营。然而，李鸿章慎重考虑之后，还是把总办一职交给了资历更老的朱其昂。身为一把手的朱其昂对于轮船招商局的运作却是一筹莫展。他虽多方奔走，却迟迟没有招募到商人入股。李鸿章只得准许他从国库中挪借十几万两银子，先把轮船招商局张罗起来。

朱其昂领走银子，依然照旧经营熟悉的漕运业务，不开拓客货生意。他购买的洋船，物不美，价格却虚高，在与洋商打交道的过程中吃亏不少。短短半年时间，轮船招商局业务停滞，亏损严重。李鸿章也自认为选人失误。朱其昂引咎辞去总办的职务。盛宣怀主动请缨，这一次，他又未能如愿以偿。

接任总办一职的是唐廷枢。他在被李鸿章招揽进入轮船招商局之前，是英商怡和洋行的大买办。所谓买办，就是外国公司在中国的职业经理人，他们在洋人和华人之间斡旋撮合，促成合作或交易。鸦片战争后，随着外商来华投资和从事贸易的兴旺，买办群体迅速崛起，成为一个新的富贵阶层，他们积累的财富相当可观。唐廷枢的父亲在一名美国传教士手下听差，唐廷枢早年就读于香港马礼逊教会学堂，学得一口好英语。容闳是他的同学。

唐廷枢30岁时进入怡和洋行，因才干出众很快被提拔为买办。1869年，怡和洋行在唐廷枢的建议下投资航运业。随后，在唐廷枢的主持下，怡和洋行的航运业务风生水起，利润回报无比丰厚。

盛宣怀仍为会办，同为会办的还有徐润、朱其昂和朱其诏两兄弟。徐润与唐廷枢一样，也是买办身份。他曾供职于英国大鸦片商人颠地创办的宝顺洋行。虽然李鸿章委任的总办和会办多达五人，但是，盛宣怀于1875年被调往湖北督办煤矿，朱其昂在1878年逝世，其弟朱其诏于1879年署理永定道，离开了轮船招商局。因此，实际主持局务的就是唐廷枢和徐润两人。

唐、徐二人起于洋行买办，且均有经营轮船业务的经验，在商界打拼多年，手中握有大量资金和人脉资源。他们两人出手，效果不同凡响——轮船招商局顺利招募到50万两股金。在李鸿章的苦心运筹之下，轮船招商局得到了政治和经济上的支援。官府规定江浙两省部分海运漕粮和官物由轮船招商局承运。1876年，李鸿章得知轮船招商局以重利从钱庄借款之后，急忙拨官款50万两接济，他还向朝廷争取到低额利息和延期归还官款的特殊照顾。

轮船招商局自设立之日起就招来洋商的大肆围攻，他们散布流言，声称轮船招商局资金匮乏、不善经营，难以自立；他们还大打价格战，将运费减半甚至减去三分之二。另一方面，国内的保守派大臣们也对轮船招商局多有挑剔，他们执拗地主张将该局改为官办。李鸿章、唐廷枢、徐润顶住内外"围剿"，全力运营，精明管理，轮船招商局业务日见起色，终于扭亏为盈。

轮船招商局在初期运营困难的情况下，依然如约每年向股东们支付利息，这一守信行为很快发生积极作用。1881 年，轮船招商局再次面向民间商人招募股金，应募者蜂拥而来，股票市价陡然增长，由每股 100 两售至 200 两，轮船招商局很快就招足了计划的股金。

与轮船招商局争利的外国轮船公司却变得无利可图，年底无法向股东们发放股息。太古洋行和怡和洋行被迫与轮船招商局签订"齐价合同"，规定了统一的运费标准和货源分配方案。洋商不得不放弃垄断中国航运业的想法，与华人一起分享"蛋糕"。

旗昌洋行的股东会最终决定退出航运业，打算以 220 万两银子将公司售予轮船招商局。当时的轮船招商局总资本不足 80 万两，唐廷枢、徐润虽有心收购，却苦于资财不足，就与盛宣怀商议。盛宣怀也深以为良机难得，他果断承担了筹款的任务。经过多方奔走斡旋，最终说服李鸿章从浙江、江西、湖北三省筹银 50 万两，沈葆桢拨银 50 万两，而旗昌洋行也终于答应先行收取 120 万两，余款分五年还清。旗昌洋行所属的 7 艘海轮、9 艘江轮以及全部的趸船、驳船、码头、栈房等资产，悉数换旗过户给轮船招商局。到 1881 年，轮船招商局不仅清偿了所有欠款，还盈利过百万两，成为清政府规模最大、效益最好的民用企业。

郑观应：善于经营的维新思想家

1911 年 10 月 10 日，夜晚，湖北武昌城，新军工程营内突然响起了枪声。出乎意料的是，这枪声竟成了大清王朝的致命咒语。帝国的不朽之身迅速溃烂，轰然倒塌。打响这致命一枪的士兵叫程定国，他手里握着的是一支"汉阳造"步枪。

十六年后，在江西的南昌城，同样是一支普通"汉阳造"步枪，打响了中国共产党领导武装斗争的第一枪。

如此赫赫有名的"汉阳造"步枪，却是枪械中的"平民"，身份低贱。清帝国最精锐的北洋新军配备的是曼利夏步枪，它们来自当时强大的奥匈帝国，原装进口，价格昂贵，堪称枪械中的"贵族"。"汉阳造"步枪是名副其实的"山寨货"。1904年，汉阳兵工厂成功仿制德国88式连珠十响毛瑟枪。此枪性能可靠，坚固耐用，由汉阳兵工厂批量生产，至1944年停产，总产量多达100万支，在中国的军队服役数十载。湖北编练的新军，配备的枪支全是"汉阳造"。

辛亥革命前夕，湖北谘议局议长汤化龙整顿武汉的保安会（主要负责城市消防与治安的自发性组织，多由大商户筹资主持），给保安会会员分发统一制服、配给武器，勤加操练。汤化龙购置的2000支枪是德国毛瑟枪，对近在咫尺而且价钱便宜很多的"汉阳造"步枪硬是没看上眼。

汉阳兵工厂由湖广总督张之洞于1892年创办，位于武汉三镇之一的汉阳（另两镇为武昌、汉口）。两年前，人称"香帅"的张之洞（号香涛）更是大手笔，不惜巨资，奏请朝廷，拨银近300万两。他在汉阳大别山（又名龟山）山麓画了一个圈，确定为炼铁厂的厂址。这是一片低洼而潮湿的荒地，为了能在上面建厂，不得不填土垫高，填土所费银两30多万两。

其实，将炼铁厂厂址设在汉阳已属失策。湖北的铁矿在大冶，而大冶与汉阳相距120公里，运送铁矿产生了巨大的费用。炼铁的另一种重要原料——焦煤在湖北根本就找不到，只得依赖河北或进口焦煤，运输成本更是高达每吨 16 至 17 两白银。当时，进口的铁每吨售价不过 30 余两，竟然低于汉阳铁厂的成本价。

建好了铁厂，就该采购设备了。开工心切的张之洞筹划不周，竟从英国采购了不适于炼制大冶铁矿的设备。结果，炼制出来的钢铁很容易折断，不符合铸造要求。汉阳铁厂建成投产，实际费用支出高达 500 多万两白银。而它生产出的铁料，售价每吨 23 两白银，低于进口铁料，更是低于成本价，即便如此也无人问津——谁会为了贪便宜而买不实用的东西呢？

面对巨额亏损，张之洞束手无策，心力交困，不得不考虑将汉阳铁厂由官本官办改为官督商办，以此吸引民间资本和经营人才。张之洞想到了盛宣怀。

1896 年 5 月，盛宣怀接手汉阳铁厂，他当即邀请好友郑观应担任总办。郑观应，本名官应，字正翔，号陶斋，广东香山县人（今中山市），晚清"四大买办"之一（其余三位是唐廷枢、徐润和席正甫），他不仅善于经营实业，而且被认为是近代中国最早具有完整维新思想的启蒙者。

郑观应

香山县素有"买办故乡"之称，四大买办中，只有席正甫是苏州东山人，其余三位都生于香山。这个与香港隔水相望的县城，来往的外国人很多，县上在外国洋行充当买办的人也比其他地方多。郑观应的叔父郑廷江就是英商新德洋行的买办，正是叔父教会了他英语。十八岁那年，他进入英商开办的上海宝顺洋行，一待就是十年。十年间，他除了帮洋行打理丝缕和轮船揽载事宜之外，自己也兼做一些生意，积累了可观的资本。直至1868年，宝顺洋行停业，他离开宝顺，投资茶栈和航运业。他出资成为公正轮船公司的董事，该公司由华人与洋人共同出资经营，但在实际运营中，权力全部握在洋人之手，华人几乎没有主动权。正是这段经历，让他内心对外商侵犯华商权益的现实深感切肤之痛。

工作之余，郑观应坚持在英国传教士开办的英华书馆读书，修英文两年，接触到了西方较先进的社会政治与自然科学，维新思想逐渐形成。

1872年，英商太古洋行创办轮船公司，郑观应受聘为总理，兼管账房、栈房等事，地位相当于总买办。太古先是与他签订了三年雇佣合同，由于郑观应经营得法，太古轮船公司后来居上，赚得盆满钵盈，规模也迅速壮大，三年合同期满后，太古延聘五年。唐廷枢、徐润经营轮船招商局的初期，由郑观应主持的太古轮船公司就是他们的重量级对手。

其实，唐廷枢、徐润二人与郑观应的关系非同寻常。郑观应与唐廷枢是姻亲，与徐润是世交。唐廷枢、徐润主持轮船招商局之后，就打起了郑观应的主意。当时郑观应在太古轮船公司深受器重，事业正处于上升期，而且与该公司的英方总经理私交甚笃。唐廷枢、徐润为轮船招商局筹股时，竟说动郑观应出银入股。郑观应与太古的三年合同期满之后，他们再三邀请郑观应加入轮船招商局。郑观应反复权衡，最终还是与太古续签了五年合同。

时光一转，五年时间又过去了，这一次，李鸿章亲自出面，向朝廷奏请将郑观应救灾行善的事迹载入县志，以示表彰，光耀门楣。郑观应听闻此事之后，既惶恐又感激。不久，李鸿章南下吴淞口（今位于上海），盛宣怀趁机邀请郑观应一同前去拜访李中堂大人。随后，在唐廷枢、徐润的轮番劝说之下，郑观应终于心动。1882 年 3 月 25 日，他接受李鸿章的委任，成为轮船招商局的帮办，位居总办唐廷枢、会办徐润之下。

郑观应最终放弃太古，委实不易——要知道，郑观应在洋行任职，仅年薪就高达 7000 两白银，再加上名目繁多的津贴、分红、佣金等，年收入保守估算在 20 万两白银上下，这是轮船招商局无论如何也支付不起的天价。他在太古的职位是总买办，位居华人之首，进入轮船招商局，必然委身唐廷枢、徐润、盛宣怀之下。促使其转投轮船招商局的原因，除了李鸿章等人的器重与信任，还与他之前经营轮船公司时受到外商欺侮的经历有关。他在给唐廷枢的信中吐露心迹："招商局若不早日维持，恐难自立，我国无轮船往来各通商口岸，更为外人所欺侮。"正是这个叫作"民族情怀"的东西，让他作出了不计薪水多寡、不计职位高低而投身轮船招商局的决定。

1878 年，唐廷枢被李鸿章调往直隶省滦州（今河北唐山），筹办开平矿务局，无暇顾及轮船招商局，徐润一个人经营局务，实在忙不过来，郑观应的到来为他分担了很多事务。轮船招商局与怡和洋行、太古洋行签订了"齐价合同"，营业额显著增长，但 1880 年之后，外商出尔反尔，暗中降价揽货，使轮船招商局处于不利地位。郑观应加盟轮船招商局后，利用自己在洋行任职时积累的人脉关系，揽载货物，招商局的业务有了明显起色。

1896 年 6 月 1 日，郑观应奉两位封疆大吏李鸿章与张之洞之命，出任汉阳铁厂总办一职。走马上任，他当即宣布招募商股，扩充资本，将汉阳铁厂由官本官办改为官督商办。为了解决焦煤稀缺问题，他派人在邻省江西、湖南等地勘探煤矿，最终选定在江西省西部的萍乡开矿炼焦，另外还采购开平、郴州所产的焦煤，确保了焦煤的供应。为节省运输成本，他修筑了从萍乡到湘潭、株洲的铁路。他在铁矿产地大冶建了化铁炉，这样就降低了长途运输铁砂的成本。

当时，国内炼铁人才稀缺，不得不以高昂的代价聘用外国技术人员，为了培养中国自己的技术人才，郑观应在铁厂内设立学堂，以师傅带徒弟的方式传播技术，培养人才，这种实践性很强的方式，比脱离实践的书本教学更有成效。

郑观应进入汉阳铁厂仅一年，铁厂就起死回生，所产钢铁品质得到了保证，成本也大幅下降。接下来，就该解决钢铁的销路问题了。在当时，钢铁的两个主要用途是武器制造与铁路建设。张之洞创建汉阳铁厂的初衷，就是为了汉阳兵工厂的原料供应。如今，铁厂既成，兵工厂当然无条件地进行采购。著名的"汉阳造"步枪，所用铁料就产自汉阳铁厂。

盛宣怀接手汉阳铁厂时，与张之洞约定，如果在湖广境内（湖南、湖北）修筑铁路，一定要采购汉阳铁厂铸造的铁轨。郑观应更是对盛宣怀说："铁路不归我公接办，铁厂事宜即退手。"他们深知，仅仅凭借行政命令还不足以保证铁轨必从汉阳铁厂购买，而必须掌控修路权。张之洞没有辜负他们，在他的积极举荐之下，盛宣怀先后被朝廷任命为卢汉（卢沟桥至湖北汉口）铁路公司督办、粤汉（广东省广州至湖北武昌）铁路督办。接办汉阳铁厂四个月后，盛宣怀被光绪帝授太常寺少卿衔，准其筹建中国铁路总公司，建成后，盛宣怀任督办。自此，盛宣怀利用

汉阳铁厂全景

汉阳兵工厂全景

自己的特权，规定官办钢铁料件一律从汉阳铁厂采购。

在郑观应的全力运筹下，一个亚洲规模最大的钢铁联合企业——汉冶萍（汉阳铁厂、大冶铁矿、萍乡煤矿）煤铁厂矿公司形成，堪称中国钢铁工业的摇篮，在中国工业史上地位显赫。

1894年春夏，清帝国与一衣带水的邻国日本爆发了战争，史称甲午战争。号称亚洲第一的北洋舰队全军覆没，弹丸之国的铁蹄肆意践踏着清帝国的尊严。正是在华夏民族面临空前危机的时候，一本题为"盛世危言"的书在知识精英与热血青年中走俏。光绪帝阅后，命总理衙门印刷两千册，赠予大臣。这本书不仅呼吁学习西方先进的科学技术，而且提出了实行立宪、设立议院、公开选举等政治改革的诉求——这样的声音在当时可谓惊世骇俗、石破天惊。这本书的作者正是郑观应，十多年前，他还写了《救时揭要》和《易言》两本书，阐述他的维新思想。

在偏远的湖南山村，一个青年在深夜微弱的桐油灯下偷读"异书"，他的父亲只准许他读些孔孟经书，为了不让父亲看见，他遮起了窗户。他读的书中，就有一本《盛世危言》，读完了这本书，他在心中燃起了恢复学业的愿望。这个青年的名字叫毛泽东。

周学熙：他面对的是一群外国无赖

1900 年 6 月初，数万义和拳民向京畿聚拢而来，他们是失去了土地的农民、被裁撤的兵勇、贩夫走卒以及城市手工业者。他们自称刀枪不入，四处张贴告示，号召其他人焚烧教堂、诛杀教民。在华的很多洋人被砍了头，更多加入了基督教、天主教的中国教民命丧黄泉。葱头圆顶的教堂被捣毁，铁路被破坏，位于京城东交民巷的各国使馆遭到攻击。

10 日，一支由英、俄、日、法、德、美、意、奥八国组成的联军，在塘沽登陆，从天津向北京进犯。8 月 14 日，增至两万人的八国联军攻陷北京，随后，联军闯入紫禁城，疯狂洗劫了无数珍宝。慈禧太后已于数日前乔装成平民，携光绪帝仓皇西逃。帝国的尊严被践踏得七零八落。

在这场混乱中，一个中文名叫胡华的美国青年被围困在天津公馆，直到一个多月后，八国联军控制了京津一带，他才重获自由。当时，他的身份是英国墨林采矿公司驻天津代表。从斯坦福大学地质系毕业后，他选择来到中国这块古老的土地上施展自己的抱负。他的美国名字是赫伯特·克拉克·胡佛（Herbert Clark Hoover）。若干年后，他当上了美国第 31 任总统。

胡佛被围困在天津公馆的时日，一位中国官员也躲在英租界的家中，不敢轻易出门。他叫张翼，是恭亲王奕䜣的亲信，时任开平矿务局督办。中国的官员，常常在时局动荡之际，避居在"国中之国"的租界内，以求自保。

早在 1878 年，李鸿章派福建候补道、轮船招商局总办唐廷枢前往滦州开平镇（今唐山市开平区），筹建开平矿务局。这是清朝第一家采用西方先进设备与技术的煤矿开采企业。在它诞生之前，中国的煤矿主要依赖进口。煤是一个国家的重要能源，是工业的基础，也是必需的军事物资，军舰和枪械制造都需要煤。清帝国的煤矿资源虽然丰富，但由于缺乏开采能力，所以总是受制于外商。

开平矿务局

"开平"号运煤船

　　唐廷枢奔赴开平，与他聘用的英国矿师巴尔一起，带领工匠四处钻井探煤，最终发现矿源。三年后，开平矿务局建成投产。在唐廷枢的掌舵下，产煤量逐年猛增，并且从外商手中抢来市场。根据海关记载，1881年，天津从日本进口1.74万吨煤，开平矿务局出煤后，进口日煤当年就减为0.54万吨，三年后减至566吨。此消彼长，日煤进口锐减的另一面是开平矿务局的煤以低价的优势迅速占领中国市场。为了解决煤矿运输问题，唐廷枢在李鸿章的默许下主持修筑了第一条国产铁路——唐胥铁路；在天津、上海、广州、秦皇岛等地开辟了码头；购置了六艘运煤船。开平矿务局的业务甚至拓展到美国、日本及东南亚的一些国家。由于唐廷枢经营得法，矿务局获利丰厚。

　　1892年，唐廷枢病逝。两年后，中日甲午战争爆发，北洋海军覆灭。李鸿章被解除了位居二十五年之久的直隶总督兼北洋大臣之职。1895年之后，江苏候补道张翼出任开平矿务局督办，后又升任直隶、热河矿务督办。他与盛宣怀一样，是典型的官商。

　　1899年9月，张翼和青年胡佛坐到了谈判桌上。接手开平矿务局的张翼由于经营不善，致使资金短缺，不得不考虑招募洋股以扩充资本。他授权洋顾问古斯塔·冯·德璀琳办理此事，德璀琳找到胡佛，两人密谋了一番。最终，英国墨林采矿公司答应借款 20 万英镑，条件是以开平矿务局的全部资产作为抵押。

义和团运动风起云涌的时候，张翼躲在英租界的家中避祸。某天，一帮"丘八"端着枪冲进了张宅，不由分说就把张翼绑了起来。领兵的人是英国驻天津领事。抓捕的理由是：张家养了许多鸽子，可能与义和拳民私通。以一个如此荒唐无稽的借口，竟然就逮捕了清帝国的官员。张翼被关押在太古洋行的一个废弃厨房里。此时，八国联军已经控制了京津地区。

张翼被绑两天后，德璀琳露面了。他告诉张翼：绑你是因为你私通拳匪——这在当时是可以直接砍头的。张翼自然被吓得够呛。德璀琳还告诉他：开平矿务局的资产在动乱中被严重损毁。为了避免损失加重，他建议矿务局改挂英商的招牌，紧接着，他拿出一纸文件，上面的主要内容是委派德璀琳为开平矿务局总办，并授予他自行处理局务的权力。德璀琳说，只要张翼在这份文件上签名，他将向各国使馆担保其性命无忧。在威逼之下，张翼签下了名字。第二天，他获得了自由。

"取得授权"的德璀琳代表开平矿务局，与代表墨林采矿公司的胡佛签署了一份出售合约。根据这份合约，开平矿务局所属的矿产、设备、栈房、码头、铁路、货船等全部资产以象征性的 8 英镑售予墨林采矿公司。胡佛因此获得了一笔不菲的报酬。

开平矿务局随即被墨林公司以 25 万英镑的价格转售给一个名为"东方辛迪加"（辛迪加是垄断组织的形式之一）的英国财团。这个交易的完成需要张翼的签字。为了得到签字，胡佛承诺张翼可以担任新公司的驻华督办，其在开平矿务局持有的 3000 股份可以换成新公司的 7.7 万新股，并贿赂张翼 20 万两白银。另外，胡佛还在移交合约上做了手脚，中文合约的表述为"托管"，而英文合约却变成了"出售"。张翼在威逼、利诱和欺骗之下，同意在合约上签名。自此，开平矿务局落入英人之手，华人再无说话的权利。

开平矿务局被骗走之后，张翼自知闯下大祸，刻意向朝廷隐瞒。直到1902年11月，嚣张的英国人强行撤走了代表清帝国的黄龙旗，只悬挂米字旗。撤旗行径引发了中国矿工的强烈抗议，有人将这件事告诉了接任直隶总督兼北洋大臣的袁世凯，骗局终于被捅破，朝野震惊。清廷随即责成张翼赴英国起诉墨林采矿公司。官司持续了数年，张翼倾尽家财，最终的判决是，法院承认墨林公司存在欺骗行为，但仍以"无法强制执行"的理由将开平煤矿判给了英方——这不就是无赖和流氓的逻辑！软弱的清廷当然不敢因此得罪强势的"日不落帝国"。

在张翼赴英国打官司的同时，袁世凯委派周学熙与英商交涉，试图收回开平煤矿。周学熙，字缉之，其父周馥追随李鸿章，官至两江总督、两广总督。周学熙早年在浙江为官，后为山东候补道员，入袁世凯幕中。周学熙是张翼的亲戚（周家与张翼是儿女亲家），因此得以成为开平矿务局董事，并在30岁那年成为开平矿务局的总办。在胡佛骗取矿务局的过程中，唯有周学熙拒绝在移交合约上签字，并因此愤然辞职。之后，他追随袁世凯去了山东。

没有强大国力的支持，周学熙与英商交涉四年无果。张翼在伦敦败诉后，周学熙向袁世凯提出了一个大胆的策略——以滦制开。具体来说，就是在开平矿区附近另创一个更大的滦州煤矿，将开平矿脉围

周学熙

住，再通过竞争击垮开平煤矿，最终达到收回的目的。

这一计划得到袁世凯的准许后很快付诸实行。1907 年 9 月，北洋滦州官矿有限公司（后更名为滦州矿务公司）成立。周学熙出任总理，总资本 200 万两，其中官股 80 万两。招股书中特意注明：不允许洋商入股，如有洋人冒名参股，概不承认，华商转售给洋商的股票也一律作废。袁世凯规定滦州煤矿是官矿，为北洋军需服务，矿区外围 82.5 平方公里内严禁他人采矿。

起初，滦州煤矿采用土法开矿，转年又增资 100 万两，从德国购置先进的开采机械，并铺设铁轨，把星罗棋布的分矿与总矿相连，很快就形成了对开平矿区的包围之势。周学熙采用价格战，竭力压制开平煤矿；开平煤矿也以大肆降价倾销回应。双方缠战多年，均损失惨重。周学熙深感经济压力，不得不向洋行借款，遭到英商的暗中阻挠。开平矿区的蕴藏量日渐枯竭，英商托人说合，诱以厚利，要求两矿合并。周学熙与英商交涉多次，但中英双方在公司性质、利润分配和管理权这三个敏感问题上争执不下。最后，英商同意中方以 270 万英镑的高价赎回开平煤矿，一番讨价还价之后，减至 178 万英镑。

可是，辛亥年（1911 年）八月，武昌爆发革命，局势突变，清帝国摇摇欲坠。滦州煤矿的股东们既难以继续承受巨额亏损，又担心政治危局会损害自己在滦州煤矿的权益。他们认为与开平煤矿合并，不仅可图厚利，而且可以凭借洋人的势力来保护自己的资产。于是，他们纷纷抛弃"以滦制开"的初衷，转而接受了"以开合滦"的方案。情势逆转，真是出人意料；呕心沥血，终究功亏一篑。同年，开平煤矿和滦州煤矿合并为中英开滦矿务有限公司，股权对等平分，利润由开平得六成，滦州得四成，管理权由英方把持。此后三十多年，混战频仍，开滦煤矿始

开滦煤矿在天津建的办公楼（建于 1922 年，对外营销机构主要在此）

终被英国人掌控，直到 1952 年底才由新中国收回。

开滦合并后，周学熙拒绝出任新公司的督办。他自撰一副对联，曰："孤忠惟有天知我，万事当思后视今。"

1928 年，参与了骗局的胡佛已回到美国，竞选总统时，仍被政敌讥讽为"手脚不干净"。

赫德：清帝国海关里的洋大人

1911 年 9 月 23 日，清帝国郑重地追封一位在三天前逝世的外国人为太子太保。太子太保是清朝的从一品官，有衔无职，清廷将其作为一种表示荣誉的官衔加封给功高之臣。这位外国人的名字叫罗伯特·赫德（Robert Hart）。生前，他在清帝国当了 48 年的海关总税务司。

两次鸦片战争之后，大清国被西方列强的坚船利炮撬开了国门，一个又一个通商口岸被迫开放，中外贸易不断扩大，开往大清国的商船增多，海关随之诞生。1843 年，清廷与英国签订了《五口通商附粘善后条款》。在这份文件中，英国人提出由他们自主管理来往商船，设置海关，海关所收的关税用来支付清廷对英国的战争赔款。清廷的官员心想：反正收的是外国人的钱，用外国人的钱赔给外国人，何乐而不为！他们没怎么思考就同意了英国人的提案，清帝国的海关就这样交给了外国人管理。

1846 年，在上海外滩（现在的外滩汉口路）出现了一个用铁栅栏围起来的大院子，门口的牌楼上写着"江海北关"四个大字。江海关自成立之日起，就成了高鼻子洋人出入频繁的地方，他们大多是商人，来到这里是为了办理进出口税务。1858 年，清廷又准奏在广州设立了第二个海关。

江海北关

赫德是第二任海关总税务司。他是英国人，1835 年出生于北爱尔兰亚马郡的波泰荡。19 岁时，他来到中国，先是在宁波、广州领事馆当翻译，汉语说得顺溜，性格沉稳，后被聘为广州新关的副税务司。

1863 年，28 岁的赫德被清廷任命为海关总税务司。

赫德在华居住的时间久了，对清廷的官场礼节和士大夫习气了如指掌，逐渐被满汉大臣所接纳。他与当时主政的奕䜣、文祥等大臣关系密切。恭亲王奕䜣亲切地称呼他为"我们的赫德"，并常

赫　德

感叹"如果我们有一百个赫德就好了"。大清雇用洋人掌管海关，虽然是不得已之举，但也反映出部分清廷官员开明、开放的心态。

海关在名义上归总理各国事务衙门（简称总理衙门）管辖，实际上，海关的一切事务均由洋人一手包办，不许大清国参与决断。海关主权旁落，是主权国家的耻辱。不过，在腐败盛行、效率低下的晚清行政体系中，赫德管理的海关竟然是最廉洁和高效的一个机构。海关的主权旁落，反而成了它不被大清国的贪官污吏扰乱的因由，实在太具讽刺意味了。

清朝官员的俸禄很低，大部分收入都依靠职权滥取于民。赫德在海关实行西方的公务员薪金制度，海关职员的薪俸相当优厚。他还在海关推行养老储金制度，职员退休后可以长期领取退休金作为养老保障，而且数目可观。在海关任职年限越长，养老储金的积累就越多，积累越多就越舍不得放弃。一旦出现违纪违规的行为，这笔养老储金就可能被取消。养老储金事实上成了海关职员廉洁行政的保证金，有效地减少了贪污、腐败的行为。

赫德引进了英国的许多行政管理制度，针对海关的组织架构、人事管理、征税流程等制定了合理、有效的制度，其中，财务制度是由英国财政部官员制定的，保证了海关在数十年内极少发生舞弊行为。

随着大清对外贸易的扩大，原本不起眼的海关居然在不到 20 年的时间里成为清政府最重要、最稳定的财政来源之一。赫德在任时，总税务司署所辖新关已达 14 处，几乎遍及所有的通商城市，雇佣洋员 400 人，华员约 1000 人，已经是一个很庞大的机构了。海关税收在 1861 年达到 496 万两，1871 年为 1121 万两，到 1902 年已达到 3000 万两。

19 世纪 70 年代末，清朝的财政收入，包括中央和地方在内，共计约 6000 万两。虽然最大部分的收入仍然来源于田赋，但关税已经占到 20%。第二次鸦片战争以后，清政府根据《北京条约》的规定，向英、法两国各赔款 800 万两，这些款项就是用关税支付的。到 1866 年 1 月，赔款全部清偿。

除了战争赔款，清廷还将海关关税分拨到各省，当时的江南制造局、金陵机器制造局、福州船政局及船政学堂、天津机器局、天津武备学堂、长江口至南京下关等九处炮台，以及后来的京师同文馆、幼童赴美留学等洋务项目，很多经费都来自海关。

1874 年，清廷每年从关税收入中拨出 400 万两作为海防经费，让李鸿章筹建北洋海军。新疆割据纷争时，清政府又用这笔款项支付左宗棠在西北用兵的军费。左宗棠西征三年总共耗银 3722 万两，其中包括从几家英国银行借得的五笔总数为 1470 万两的贷款，由关税作担保，最后全部用关税偿还。

赫德担任中国海关总税务司的近半个世纪里，虽然竭力维护英国的在华利益，但在治理海关的过程中，把西方先进的管理方法、制度和理念引入中国，对中国的行政制度产生了积极的影响。这个在中国生活了54 年的英国人，对中国有着复杂而深厚的感情。卸任总税务司职务后，赫德于 1908 年离开中国，回到了阔别已久的故国。1911 年 9 月 14 日，他给自己的继任者写信道："我的身体一直不好，日益衰弱，所以我担心再也回不到中国了……中国人是很善良的，心胸宽大，能很好地在一起共事，不要催促他们，要一步一步地来，你就会觉得前进很容易，目标最终可以达到。"6 天后，他就去世了，终年 77 岁。

→ 革命时代的腥风血雨

吴樾：碧血横飞的暗杀者

吴樾本来叫吴越。他暗杀清廷五大臣，是重罪。当时为表示污蔑，会在名字上加偏旁，于是，吴越就变成了吴樾。在清廷所有的文字档案里，"孙文"一律写作"孙汶"，也是为了表示污蔑。吴樾和孙中山的待遇是一样的。

关于改名，还有另三种说法：一种说是"樾"有烈士的意思，为革命党们所加；一种说是吴樾自己

吴　樾

加的偏旁，表示与清朝脱离关系；一种说是吴樾就读的保定高等学堂是袁世凯所主持，袁为了撇清干系，故改"越"为"樾"。

1905年冬天，长江边的小城芜湖，天寒地冻，冷风凛冽。一个叫陈庆同的青年，失魂落魄地在街头徘徊，他的心中，悲苦难诉。

这个小城的中长街20号，是一间砖木结构的二层小楼，空间逼仄，却是著名的"芜湖科学图书社"书店。数月前，陈庆同和他的朋友赵声（字伯先）、吴樾（字孟侠）、杨笃生在书店二楼集会，指点江山，挥斥

方遒。斯时斯景犹历历在目，只是人已阴阳两隔。

1905 年就要过去了，陈庆同收到朋友从北京发来的信，他终于确切地知道，他的好友吴樾死了，生命终止于 1905 年 9 月 24 日。

> 伯先京口夸醇酒，
>
> 孟侠龙眠有老亲。
>
> 仗剑远游五岭外，
>
> 碎身直捣虎狼秦。

死的人，死得惨烈；活着的人，却活得迷茫、痛苦。只好借酒浇愁，酒酣之际，吟下这首题为"存殁六绝句"（其一）的诗。

1914 年，这个叫陈庆同的青年在《甲寅》杂志发表文章，他用的笔名叫"独秀"，取自家乡安庆的独秀山。一年之后，他创办《新青年》杂志，陈独秀这个名字，遂广为人知。

相比于武装起义，革命党们更喜欢暗杀。原因竟然是——暗杀更容易。起义需要动员更多的人，动员就需要时间和银子，而且人多了，风险就大了，谁也不能保证大家都一条心。做了叛徒的革命党人多了去了。起义还需要武器，具体来说，主要就是枪，买枪要花很多很多银子，所以又得筹银子。好不容易筹到银子，从国外买了枪，千辛万苦偷运回来，一不小心被清廷发现，人被抓了，枪被收了，情何以堪！

暗杀就容易多了。只要不怕死，单枪匹马，就能革命。省了银子，少了风险（倒不是怕死，革命党是不怕死的，而是革命事业能不能成功），增加了胜算。暗杀的对象明确，不会伤及无辜。还有一个很重要的原因，就是不会惹得外国人干涉。

在革命党们看来，从肉体上消灭误国误民的当朝权臣，是让中国从腐朽的统治中脱身出来的好法子。当时的革命者普遍认为，泱泱大国，之所以积贫积弱，受尽外族欺侮，就是因为那一小撮满人。推翻他们的统治，汉人的能量才能发挥，中国的问题才能解决。可是，杀光了朝廷权臣，国家就能富强吗？革命党们自己恐怕都不确定，但他们确定的是，比起那些"假惺惺"的改良，他们的作为是对的。所以，他们做得毅然决然，不惜命，不怕死。

革命党人热衷暗杀，从革命党的机关报中可以窥见，《民报》《苏报》《中国白话报》《浙江潮》中，多有鼓吹暗杀的内容。很多革命党人都曾组织过暗杀团，或者曾是暗杀团的成员，黄兴、陈天华、龚宝铨、蔡元培、刘思复、陶成章、汪精卫、陈独秀、杨毓麟等，都是暗杀的参与者，吴樾也是。

他们那一代人，思想经历过天翻地覆的变化。少年时研读四书五经，渴望从政为官。1894 年甲午战争惨败，大清帝国的华丽外壳被敲碎，内里的孱弱显露出来，外族入侵者纷至沓来，饱受欺侮的他们开始质疑老祖宗留下来的东西。有人踏出国门，囫囵吞枣地学习一切看上去先进的东西，来不及咀嚼、消化，就匆匆回来，指点江山，或者传道授业。那个年代，历史的车轮好像转动得特别快，百日维新、义和团运动、日俄战争、废除科举……无比重大的变革和事件轮番上演，后脚踩着前脚。昨天的新，今天已经是旧了；昨天的激进，今天已经是保守了。吴樾曾经是康有为、梁启超的铁杆粉丝，天天说立宪，日日盼立宪，谁说康、梁的不是，他就排斥谁。可是，当他读到《猛回头》《黄帝魂》《自由血》《警钟报》《中国白话报》等革命书籍、报刊之后，他的思想又随之一变，"乃知前此梁氏之说，几误我矣"（语出吴樾遗著《暗杀时代》），从粉丝变成了决绝的反对者。

1904 年，吴樾和杨笃生在保定组织了北方暗杀团（对外称"军国民教育会保定支部")。本来，吴樾选定的暗杀对象是清廷户部侍郎铁良，只是，铁侍郎已经遭到了两次暗杀，虽然性命无忧，但惊弓之鸟，自然格外戒备。吴樾在京伺机数月，始终不能得手。

一年后，清廷宣布派载泽、端方、绍英、戴鸿慈、徐世昌五大臣出洋考察宪政。在吴樾看来，清廷的所谓立宪，不过是放个烟幕弹，做做样子，迷惑那些对清廷尚存幻想的人。一旦假立宪得逞，必然延长清廷的寿命，延缓革命事业。于是，吴樾决定暗杀五大臣。

暗杀，就需要武器。武器，革命党们是有的，而且是惊天地泣鬼神的那种——炸弹。早年，革命党们出洋留学，学到了点化工知识，正好派上了用场。除了炸弹，他们也用其他武器，比如王汉暗杀铁良，万福华暗杀广西巡抚王之春，用的都是枪。据说蔡元培还研制过毒药。但选来选去，大家还是觉得炸弹好——"砰"一声，非死即伤，威力大，动静大，影响也就大。王汉刺杀铁良用枪，无奈枪法不精，没打中，要是换做炸弹，估计铁良的小命就没了。

吴樾的搭档杨笃生就是研制炸弹的好手。杨笃生曾在试制炸弹时炸伤了左眼，但他毫不在意，藏进深山老林里反复练习，终于弄出了像样的炸弹。吴樾暗杀五大臣所用的炸弹，就是杨笃生的杰作，这种炸弹是靠撞击引爆的，投掷者奋力一掷，炸弹触地引爆。

1905 年 9 月 24 日，北京正阳门火车站特别热闹，五大臣在护卫、亲属和其他送行人员的簇拥下，陆续上了铁路局早已准备好的五厢专车。此时的吴樾，已经得知五大臣出行的详细计划。他的搭档杨笃生是潜伏很久的卧底，杨的另一个身份是五大臣宪政考察团的翻译随员，就是他向吴樾透露了五大臣的出行细节。暗杀行动准备了好几个月，期间，吴樾返回家乡桐城安置妻儿。他清楚地知道，这一次，自己必

五大臣出洋考察宪政

死无疑。

五大臣出行的五厢专车，前两厢供随员乘坐；第三厢才是五大臣乘坐的，车厢另有醒目的装饰，叫作"花车"；第四厢为仆役所乘，第五厢装行李。当天，吴樾临时买了一套仆役的衣服，混入第四厢。他提着行李（里面装着炸弹），正准备进入五大臣乘坐的"花车"，因为面生，在花车门口被卫兵拦住，卫兵盘问他是哪位大人的仆役，吴樾回道："泽爷！"吴樾不知道，五大臣的仆役，应该操一口倍儿正宗的北京话，他的蹩脚官话引起了卫兵的怀疑。双方拉拉扯扯之际，行李车厢与倒车头接轴由惯性引起的晃动引爆了炸弹，顿时，火光闪烁，一声巨响，专车晃动，厢顶开花，硝烟弥散，血肉横飞。吴樾肢断腹裂，满面血污，五大臣仅受轻伤。

如今，安徽芜湖中长街20号的科学图书社早已不复存在，那个二层砖木结构的小楼也被拆除。在这里生活的人们，谁还知道，在很久以前的某一天，有四个青年在小楼里集会。

一个叫吴樾的青年问大家："舍一生拼与艰难缔造，孰为易？"

一个叫赵声的青年回答："自然是前者易，而后者难。"

吴樾说："然则，我为易，留其难以待君。"

这四位青年，吴樾暗杀五大臣，身死；赵声一生从事革命事业，病逝时年仅 30 岁；杨笃生为革命奔走，听闻广州起义失败，悲愤难持，跳海自尽；陈独秀后来领导了新文化运动，一生起伏跌宕，让人唏嘘。

大通师范学堂：革命党人的体校

革命不是儿戏。振臂一呼，随者云集，那只是传说。造反是要冒杀头风险的，刀尖上舔血的事情，不是被逼到无可奈何的份上，一般人是不会干的。所以，革命，从来都不是想象的那么简单。冲动顶不了事，革命需要精心策划，具体来说，就是找人、找钱、找枪。

这里单说找人。革命党依赖的人，主要是会党和新军。清廷在甲午战争中惨败，终于意识到握在手里的"枪杆子"是多么不中用。当初特别能打的八旗子弟兵，被供养了二百多年，早就腐化"生锈"了。太平天国起事，清廷虽不情愿，却不得不依赖曾国藩的湘军和李鸿章的淮军。太平天国覆灭，淮军变成了清廷的主力军。没想到主力军在甲午之战中表现得糟糕透顶。于是，清廷实行军改，模仿西方国家（主要是德国），另起炉灶，筹建了新军。新军士兵很多都是读书郎。读过书，就容易接受新思想；有了新思想，就容易倾向革命；倾向了革命，就容易被革命党策动，真的就闹起了革命。

革命党青睐的另一股力量是会党。要把会党这个名词解释清楚，写本书都够呛。简而言之，会党相当于黑社会，散布在各地，不是统一的组织，没有明确的领导。违法乱纪的事肯定没少干，所以不得清政府待见，也就自然有了革命倾向，加上革命党的鼓动，就真革命了。会党多是江湖人，卖艺的、拉车的、相面的、走镖的、鸡鸣狗盗的，还有无业的游民，品流复杂，龙蛇并起。会党既藏污纳垢又藏龙卧虎。革命党动用会党的势力，其实是一把双刃剑。

徐锡麟和陶成章创办绍兴大通学堂，主要目的是训练会党，培养革命力量。可是，创办学堂谈何容易？首要的问题，就是没银子。说到底，革命也是一门生意，而且是高风险、高收益的生意。弄不好，人财两空；弄好了，名利双收。既然是做生意，就得先投入。可是，银子从哪来？革命党人理所当然地想到了抢。抢谁？有大把大把银子的就是钱庄了。据说，这是蔡元培的弟弟蔡元康向徐锡麟提的醒，徐锡麟立即表示赞成。学堂筹办人之一陶成章却竭力反对，抢劫钱庄虽然能得银子，但是丢了革命党的名声，革命事业就失去了正当性，再说了，抢劫这么大的动静，稍有不慎，就暴露了自己。于是，抢钱庄的馊主意，终于还是没被付诸实行。

大通师范学堂

幸好，浙江不缺富人。最终出银子的，是绍兴巨富许在衡之子许仲卿。许仲卿拿出 5000 元，这可是一大笔钱，不仅办学经费绰绰有余，而且徐锡麟还用剩下的银子捐了一个道台（买官），混进清廷，做了一名潜伏者，刺杀安徽巡抚。这些事情，后文再说。

银子有了，接下来就该考虑校址了。徐锡麟原本选定了绍兴城郊的普济寺，寺内不仅有空房，还有一大片空地——这是他特别中意的。空地是练兵操不可缺少的。普济寺的方丈都同意了，可徐锡麟的父亲徐凤鸣闻讯后，担心儿子闯祸，牵连一家老小，于是竭力阻挠。创办学堂的计划，一时不能实现。

徐锡麟正郁闷呢，一个叫徐贻孙的人知道了这件事。徐贻孙是负责管理粮仓的清廷官员，那时候，建新式学堂算是时髦，清廷也大力提倡，徐仓管想捞个支持学务的好名声，就决定把粮仓的闲置房舍借给徐锡麟——反正空着也是空着。徐锡麟自然高兴。

很快，大通师范学堂就张罗起来了。

学堂的学生们不摇头晃脑地背"之乎者也"，而是操练起了立正稍息齐步走，隔三岔五搞个拉练，格斗也是基本的教学内容。没错，你猜对了，大通学堂其实是一所军校。

徐锡麟办事一点不含糊，他花了一大笔白花花的银子，从上海换来50支后膛九响枪和2万发子弹，于是，学生们又多了一堂非常重要的课：扛枪、举枪、瞄准、射击。徐校长也亲自出马，虽然带着近视眼镜，但每天枪不离手，练习射击，雷打不动，没少消耗子弹。

奇怪，在大清的地盘上，怎么就允许大家这么随便吆喝立正稍息齐步走，还肆无忌惮地随便放枪？大通学堂又不是清政府的，而是徐锡麟私人的。按照常理，怎么想都觉得这事不可能。可在当时，不仅可能，简直就是一种时髦。

追溯起来，还是因为一个字：弱。当时，清帝国已是强弩之末，积贫积弱，受够了列强的欺凌，清廷的当权者们思来想去，觉得泱泱大国沦落成现在这个样子，就是"重文轻武"这个传统惹的祸。大家都风花雪月，都之乎者也，没人舞刀弄枪，国人没啥血性，见着鹰钩鼻子的洋人就哆嗦，这样不好，得改改风气，从武弃文。具体来说，就是操练立正稍息齐步走。为了真正贯彻这项方针，清廷鼓励民间办学堂、练兵操。所谓练兵操，内容可大可小，可多可少，除了立正稍息齐步走，还有格斗、拉练、游泳、射击，基本等同于新军训练。国人向来擅长打擦边球。不管怎么说，大通学堂在清廷的眼皮底下就这么堂而皇之地存在着，天天吃喝，常常放枪，不曾停歇。

徐锡麟和陶成章为了学堂的安全，也动足了脑筋。他们亲自到省城杭州的学务处递交了办学申请，谎称响应朝廷的尚武精神，设立体操专修科，学员学成之后，可以回乡协助政府办团练（一种民兵组织）。总之，说得冠冕堂皇，学务处的官员们信了，申请也就批准了。另外，为了挟制清廷的官员，学堂每逢开学、毕业，都要宴请绍兴的大小官员和当地的名绅，还隆重地照相留念，照片在府署、县署和学堂高高悬挂；毕业证也要盖上官方的大印。

大通学堂招收的学员，主要是会党骨干或会党选送的积极青年。课程仿效日本（这恐怕跟学堂的创办者和后来主持校务的秋瑾都留学日本

陶成章

秋 瑾

有关），开设国文、英文、日文、算术、历史、博物、理化、体操等课程，其中，体操占很大的比重，包括兵式体操、器械体操、夜行军、爬山、泅水、军号等。用于训练的设备也相当齐全，有天桥、溜木、铁杆、平台、铁环等，还有徐锡麟拿银子换来的枪和子弹，真枪实弹地操练、演习，不玩虚的。学员着装统一，起床睡觉、上课下课都要吹号，出入课堂也要排队，完全是军事化的生活。大通学堂的教员，大多是光复会成员，在课上，见缝插针地向学生灌输革命思想，徐锡麟和陶成章都亲自上马，抨击时政，强调民权，煽动革命，主张以暴力手段推翻清廷的腐败统治。学堂还订购《革命军》《浙江潮》等宣传革命的书刊，给学员们阅读。

1907 年初，秋瑾被推举为大通学堂的督办（相当于校长），主持校务。一不小心，大通学堂开了女子校长的先河。

也是在这一年，徐锡麟刺杀安徽巡抚，大通学堂在劫难逃，遭到清廷的捣毁和查封，秋瑾被捕就义。大通学堂从草创到关闭，前后不过两年时间，可它在革命史和教育史上都有一席之地。

如今的大通学堂已经是文物保护单位，学堂内有一扇屏门，上书一对："吾越有三仁焉，杀身成名，求仁得仁又何怨；人生同一死耳，泰山独重，虽死不死乃自由。"三仁，即徐锡麟、陶成章、秋瑾。物犹在此，斯人已逝，呜呼，壮哉！

徐锡麟：三个人的安庆起义

说是起义，其实算不上，称暗杀或许更准确一些。因为自始至终，只是三个人的事。但既然都说是起义，那就起义吧。

安庆起义最大的成果是枪杀了安徽巡抚恩铭。恩铭是奕劻的女婿，奕劻的全名是爱新觉罗·奕劻，跟大清朝皇帝一个姓。奕劻不仅是亲王，而且是清末重臣，手握重权。身为奕劻女婿的恩铭巡抚，自然不是一般的巡抚。所以，他的死比一般巡抚的死，更强烈地震动了大清的神经。

徐锡麟

　　1907年7月6日上午9时，恩铭来到安庆巡警学堂，当日是首届毕业生举行毕业典礼的日子。毕业生们列队如仪，校长徐锡麟一身戎装，站在他两旁的是马宗汉和陈伯平。

　　典礼如约进行，毕业生们向巡抚大人行礼，巡抚大人答礼。徐校长单膝下跪，呈送毕业生名册，然后，他突然大声说："大人，今天有革命党人起事！"

　　恩铭还没反应过来，只见徐锡麟以迅雷不及掩耳的速度向后闪开，陈伯平从衣服里掏出一个什么东西，朝他扔了过来。

　　扔过来的，是炸弹！

　　所有人惊慌失措，时间好像停止了。可是，惊天地泣鬼神的爆炸声没有传来，恩铭没有血肉横飞，徐校长想象了无数次的血腥场面没有出现。关键时刻，这颗炸弹竟然哑巴了！

　　意外就这么发生了。好在徐校长早已准备了第二方案。他立刻拔出藏在靴筒里的两支手枪，朝已惊得魂飞魄散的恩铭一阵乱放。

　　徐锡麟在绍兴大通学堂时，每天枪不离手，虽然鼻梁上架着近视眼镜，但射击练习非常勤快。据说准头惊人，百发百中。

但从实际情况来看，徐校长的枪法不尽如人意。一阵枪响之后，恩铭身中七枪，却都没击中要害。致命的一枪，是陈伯平打的，子弹从肛门射入，穿进腹胸。即便如此，恩铭也没有当场毙命，他被抬回抢救，找西医开刀。当时医术有限，未能找到子弹。濒临死亡的恩铭神志还是清醒的，他痛苦地呻吟着，后悔莫及。在呈给清廷的遗折中，他发出了"千万留神留洋学生"的警告。

恩铭对徐锡麟，那是好得没话说。早年，徐锡麟得了浙江富商的资助，用银子捐了一个道员头衔。徐是俞廉三的表侄，俞廉三曾任山西巡抚，是恩铭的老师，也是老上级。俞廉三给恩铭写了一封推荐信，于是，候补道员的徐锡麟就变成了安徽巡警处会办（相当于安徽警察总局副局长）和安庆巡警学校的监督（相当于校长）。

恩铭对这个外表文弱的绍兴青年很是信任，他给徐锡麟安排的职务相当"给力"。单说巡警学校，是清廷培养巡警骨干的地方，毕业生大都是未来的警官，地位非同一般。这样的安排正中徐锡麟的下怀，巡警学堂的学生们都是扛枪的，教育好了，就是自己的力量。

身兼两职的徐锡麟开始了他的"折腾"，观察地形，绘制地图，联络革命党，向学生们灌输革命思想……一切都悄悄地、如火如荼地进行着。"折腾"总难免有动静，有动静就有人注意。学堂里的会计顾松发现了徐锡麟"图谋不轨"，惊恐之余，赶紧向恩铭报告。没想到，恩铭听完，一笑置之，回头竟然还告诉徐锡麟："有人说你是革命党呢。"徐锡麟一脸的不屑，装作一副懒得解释的模样。徐一身冷汗，恩铭却是更加放心了。

其实，不放心才怪呢，一个花了大把银子买了官的人，不就是为了捞银子回本赚利吗？说他要革命，鬼都不信。再说了，俞老师推荐的人，会不靠谱吗？俞老师也是巡抚，他的表侄难道要革他的命不成？在恩铭看来，徐锡麟也就是年轻气盛，留过学，接触了一点新思想，又爱咋呼，出点风头，表现一下自己，是可以理解的。

恩铭不会想到，这世上还有人花银子买官，不是为了捞回更多的银子，而是为了一个叫作"理想"的虚无缥缈的东西。徐锡麟从绍兴赴安庆上任，途经杭州白云庵，秋瑾和吕占鳌一起去探望他。徐对他们说了一番话："法国革命八十年战成，其间不知流过多少热血，我国在初创的革命阶段，亦当不惜流血以灌溉革命的花实。我这次到安徽去，就是预备流血的，诸位切不可引以为惨而存退缩的念头才好。"徐锡麟不仅为理想花银子，还准备为理想赴死。这样的行为，在恩铭的意料之外，所以，他不相信。

插一句，吕占鳌后来不叫吕占鳌了，他听了徐的这番话，深受触动，为了不辜负徐公的期望，改名吕公望。以廪生的身份，打入浙江抚署充当卫兵，进行革命活动。

徐锡麟紧锣密鼓地准备着，他预感到自己的时间已经不多。他的打算，是要闹更大的动静，在浙江、安徽同时起义。徐自己攻占安庆，浙江起义由秋瑾负责，攻占杭州，两军会合再图取南京。可是，准备工作还很不充分的时候，出事了。一个革命党被抓，不堪酷刑，供出了同党的名单。恩铭叫来了他信任有加的巡警处徐会办，把名单交给了他，命他立刻抓人。徐锡麟一扫名单，"光汉子"三字赫然在目，而且位列第一。革命党之间往来联系，用的是化名，那个光汉子，就是徐锡麟。

再不行动，真要自己抓自己不成？于是，没有准备妥当的徐锡麟在7月6日毕业典礼那天匆匆发动起义。安徽巡抚恩铭身中数枪，饱受痛楚，命归黄泉。这位清王朝的封疆大吏，生前热衷新政，在创办新式学堂方面不遗余力，功绩可圈可点。

7月6日的安庆巡警学堂，急促的枪声响过之后，学生们死的死，逃的逃。在毕业典礼前，徐锡麟操着一口绍兴话，对学生发表了一番慷慨激昂的演说，估计学生们大多没听懂，听懂了的，估计也莫名其妙，毕竟是造反，不能明说。徐锡麟指望起义的时候，自己振臂一挥，学生们就跟着自己闹革命。事实上，枪一响，腿没吓软的学生都逃了。剩下来的，哆哆嗦嗦地缩抱成一团。之前那个屁颠屁颠告发徐锡麟的会计顾松，逃跑的时候慌不择路，跳进一条污水沟，被马宗汉捉住了，徐锡麟先用刀砍，没死，马宗汉开了一枪，毙命。徐锡麟对龟缩一团的学生们说，巡抚被人刺杀，你们作为警察，应该出来维持局面。学生们还是没动，马宗汉和陈伯平掏出了枪，学生们在胁迫下，才随徐锡麟跑到军械所。

清军很快赶到，包围了军械所，学生们趁乱又跑掉了大半，剩下的也没放一颗子弹。马宗汉从后门突围，躲在一口枯井里。与清军交火的，就徐锡麟和陈伯平两人，陈伯平战死，徐锡麟被捕。躲在枯井里的马宗汉也被搜了出来。

自古以来，造反都是诛灭九族的大罪。马宗汉在狱中受尽酷刑，不久被杀。徐锡麟作为起义的头头，死是自然的，但怎么死是个问题。恩铭的妻子，也就是奕劻的女儿，对这个杀夫之人恨之入骨，坚持要求执行"剖腹剜心"之刑。7月6日夜，徐被残忍杀害。

恩铭对徐锡麟器重有加，那是有目共睹的，审讯徐锡麟的人疑惑不解地问：大人是你恩师，你何以恩将仇报，竟要了他的命？

徐回答："恩抚待我，私惠也；我杀恩抚，天下之公也。"

据说，恩铭的卫兵们把徐的心脏炒熟下酒，祭告恩铭的在天之灵。

在中国这片土地上，另一个悲苦、彷徨的灵魂听闻此事，无法释怀，他用自己的武器——笔，写下了《狂人日记》和《药》。

徐锡麟死了，他的老爹徐凤鸣到府衙投案自首。徐家在绍兴是颇有声望的士绅，有田地百余亩，商铺数家。徐锡麟也算得上富家少爷了。从照片上看，这位少爷生得瘦削，鼻梁上架着眼镜，气质儒雅、文静，却是个思想激进、不怕死的人。人不可貌相，这句话有理。徐凤鸣发现这个儿子从日本留学回来，嘴里就经常蹦出"排满""革命"这些词，大为惊吓。徐凤鸣规劝再三，觉得儿子冥顽不化，于是分了部分财产给他，说是分家，算是断绝关系了。

徐凤鸣投案后，清廷经过审查，确定他跟儿子的忤逆行为没关系，就放了他。清廷实施新政，对刑律进行了改革，取消了族诛，不然，徐老爹也是免不了要被砍头的。

吴禄贞：志大气豪命如丝

1911 年 11 月 6 日夜晚，河北石家庄火车站内，凄冷而沉寂。北洋新军第六镇统制吴禄贞和他的参谋官何遂就住在这里。吴禄贞住在站长室，何遂住在毗邻站长室的第五个房间，相距不过几十米。这一天，他俩格外忙碌，会见各式各样的人。此时的何遂感到阵阵倦意袭来，但吴禄贞依然精神亢奋。

吴禄贞拍拍何遂的肩膀，说："你太累

吴禄贞

了，回去休息吧。"

深夜十点，何遂与骑兵营营长马惠田一起，前往石家庄郊野，迎接从山西赶来的军队。马惠田同时担任吴禄贞的卫队长，负责保护长官的人身安全。一个多小时之后，他们慰劳晋军回来。何遂见到吴禄贞所在的站长室还亮着灯，当他走进站长室后，看到吴禄贞与他的参谋官张世膺、副官周维桢正围坐在桌前，窃窃私语。神情兴奋的吴禄贞递给何遂两份电文，一份是驻军滦州的第二十镇统制张绍曾和驻军奉天的第二混成协协统蓝天蔚发来的，电文是："本军已整装待发，请与山西军前来会师。"另一份是吴禄贞的回电，内容为："愿率燕晋子弟一万八千人以从。"至此，何遂看清了一幅经过深谋远虑规划出的蓝图，他由衷地敬佩吴禄贞的雄才大略。

就在前一天，吴禄贞与何遂从石家庄车站乘火车前往娘子关，在那里，他们会见了刚刚起义成功的阎锡山。阎锡山是山西新军第四十三协第八十五标的标统，武昌爆发起义后，他接到南下平乱的命令。当部队领到子弹后，他立即宣布起义，在晨雾的掩护下，攻入太原城，杀死山西巡抚，成立军政府。

当吴禄贞与何遂抵达娘子关时，阎锡山早已等候在车站。阎锡山集合了他部下的重要将领，他们与吴禄贞以兄弟相称，一起商定了起义计划：吴禄贞的第六镇新军，加上张绍曾、蓝天蔚的部队，与晋军一起，组成燕晋联军，会师北京，直捣黄龙。此时的北洋军主力正在湖北前线与革命军作战，京城布防空虚，如果此计划顺利实施，必定大事可成。吴禄贞被推举为联军大都督。当天，山西起义军开赴石家庄。

两天前（11月4日），吴禄贞正是在石家庄火车站截留了清廷陆军部紧急运往湖北前线的武器装备，包括几十万饷银，十几车皮粮食、弹药和军装。清廷政要得知此消息，甚为震惊。据说，袁世凯听闻此事，气急吐血，老谋深算的他对吴禄贞的计划了然于心。他意识到吴禄贞会是真正威胁自己的强大对手。

吴禄贞在娘子关密会阎锡山的时候，已被清廷任命为新的山西巡抚。走马上任之前，吴禄贞前往紫禁城觐见摄政王载沣。那一天，载沣给了吴禄贞一个盒子，吴禄贞拿回家，打开一看，里面满满当当的，全是检举他为革命党的信件。载沣以这样的方式表达了他对吴禄贞的信任和器重。

吴禄贞之所以获此优待，与良弼的极力举荐不无关系。良弼是日本陆军士官学校步兵科第二期留学生，而吴禄贞是该校骑兵科第一期留学生。在校期间，两人交厚，友情甚笃。在这所学校毕业的士官生还有张绍曾和蓝天蔚。吴禄贞留学时就公开主张革命，还参与过唐才常组织的"自立军"，准备推翻西太后，让光绪皇帝主政。起兵"勤王"失败后，吴禄贞返回学校。身为皇室贵族后裔的良弼，一贯主张君主立宪。吴禄贞与良弼因为政见不同，时常争执不下。但良弼十分欣赏吴同学的才华，极力向朝廷推荐吴禄贞。吴禄贞因此在官场步步高升。

1908年，光绪帝和西太后相继去世，摄政王载沣主政，罢免袁世凯。为了清除袁世凯在北洋新军中的潜势力，朝廷重用留日的士官生。吴禄贞伺机贿赂庆亲王奕劻两万元，谋取了新军第六镇统制的位子。上任后，他着手改造军队，但这支新军是袁世凯一手打造的嫡系部队，原来的统制是段祺瑞，协统李纯、周符麟以及各标统都是袁世凯亲自提拔的亲信。被罢官的袁世凯虽然赋闲在彰德府（今河南省安阳市）洹上村，但是把持军政的奕劻是他的同盟，与北洋新军有千丝万缕的联系。袁世凯提拔的旧人，谁也扳不动。

第十二协协统周符麟吸食鸦片，吴禄贞以此为由，解除了他的协统职务，任命自己的参谋官张联棻取而代之。这一决定必须经过陆军部的同意才能生效，但陆军部否决了吴禄贞推荐的继任者，而是让北洋系的吴鸿昌顶替了第十二协协统之位。吴禄贞因为此事，大闹陆军部。这件事给时任陆军大臣的载涛留下了深刻的印象，吴禄贞的豪侠性格也可窥见一斑。

由于改造军队的计划处处碰壁，寸步难行，心情郁结的吴禄贞索性在北京东城大方家胡同修建了一座楼房，常住在这里，与朋友们诗酒唱和，很少去部队，因此与第六镇的官兵们关系更疏远了，更难真正掌控这支军队。北洋新军的士兵主要是北方的农民，有些还是淮军旧人，与南方新军相较，思想保守。袁世凯在编练北洋新军时，有意将其打造为自己的私人军队，许多官兵抱着只效忠袁世凯的想法。因此，吴禄贞筹划带领第六镇新军起义，基本上是他一个人的独角戏，拥有的支持者并不多。

更致命的是，疏于防范的吴禄贞连自己的警卫军也没有撤换，沿用原班人马，卫队长马惠田就是其中之一。

10月29日，张绍曾上奏清廷，提出政治改革的十二条政纲，史称"滦州兵谏"。11月3日，清廷派吴禄贞前往滦州安抚张绍曾，试图稳定局面。与吴禄贞同行的还有军谘府第三厅厅长陈其采。陈其采的二哥陈其美是革命党，此时的陈其美已经在上海起义。另外，吴禄贞、张绍曾、陈其采三人还有一层关系，他们都是日本陆军士官学校第一期的学生。

性格坦荡、为人磊落、不屑于诡计的吴禄贞以为陈其采是自己人，在从北京前往滦州的火车上，他将自己的全盘计划告诉了陈其采。抵达滦州后，吴禄贞与张绍曾、蓝天蔚立即召开会议，商讨起义事宜。会后用餐时，吴禄贞才发现陈其采早已不见了踪影，知道大事不妙。当天晚上，吴禄贞就接到清廷急电，命他督师进剿山西革命军。很快，滦州的所有火车被调走。参与秘密会议的潘榘楹（张绍曾的部下）也向袁世凯告了密，此时的袁世凯已被任命为内阁总理大臣，实权在握，正督师湖北孝感。

何遂在酣睡中被刺耳的枪声惊醒，时间已经到了 11 月 7 日凌晨。他翻身下床，下意识地摸寻手枪，没有找到，抓起一把短剑就冲出门去。屋外夜色如墨，寒风凛冽。他隐约看到几个人从吴禄贞所在的站长室跑了出来，转眼就消失在无边的夜色中。不祥的预感笼罩在何遂的心头。有人躺在离他不远的地方，痛苦地呻吟着。何遂凑近一看，认出是参谋官张世膺，他的头被劈开，眼珠突出，脑浆涂地。何遂已经顾不得他了，他冲进站长室，大叫道："绥卿，绥卿！"（绥卿是吴禄贞的字）但是，没有人答应他。他只找到一具没有头颅的尸体，借着灯光，他看见了那件胸前闪烁着八角双龙宝星的军装——他与吴禄贞第一次见面时，吴氏穿的正是这件衣服。

刺杀吴禄贞的人，是他的卫队长马惠田，同谋者是周符麟和吴鸿昌。马惠田割去吴禄贞的头颅，跑到主使者那里领到了五万元酬金。后来，他在保定妓院买下了一位艺名"看蕊"的妓女。吴禄贞筹划的革命蓝图，与他的头颅一起陨落。已经抵达石家庄的山西起义军，听到枪声后，以为中了圈套，连夜返回娘子关。紧接着，张绍曾和蓝天蔚先后被解除职务。刺杀吴禄贞的主使者，有人说是良弼和铁良，有人说是袁世凯，但不管是谁，最大的受益者是袁世凯。吴禄贞死，北方的山河就落入袁氏一人之手，他稳住局面，腾出手来对付南方革命军。马惠田花完了用别人性命换来的银子，最终穷困潦倒而死。作为卫队长，却谋杀了自己的长官，谁还有胆子再用他？

彭家珍：最后的刺客

辛亥年腊月初八（1912 年 1 月 26 日）的傍晚，北风呼啸，地冻天寒，京城一片肃杀冷清的景象。在西四红罗厂的一条死胡同里，一名身穿军人制服，腰间佩戴军刀的青年，敲开了爱新觉罗·良弼的府邸大门。门房走了出来，青年递上自己的名片，上面印着"崇恭"两个字。这名自称崇恭的青年语气急迫，他说自己有重要军情要禀报良弼大人。门房告诉他：大人去了摄政王府，一直没有回来。之后，青年被带到了良弼府邸的客房。

此时的良弼，正在摄政王载沣的府邸，与宗社党成员秘密商讨对南

宗社党成员（荫昌、载振、载洵、铁良、载涛、载润等）

方革命军的作战计划。三个多月前，在湖北武昌爆发的那场意外革命，终于触动了大清帝国崩盘的多米诺骨牌。南方各省纷纷宣布独立。清廷在万般无奈之下起用袁世凯，命其统率北洋军，南下平乱。袁世凯攫取大权，拥兵自重，一面与革命军议和，一面威逼清帝逊位。

在革命军和袁世凯的双重压力下，帝国摇摇欲坠。清帝退位的消息传出后，帝国的贵族青年良弼、铁良、毓朗、溥伟、载涛、载泽等极力反对，他们组织三十余人，包围了主张清帝退位的庆亲王奕劻府邸，次日，以"君主立宪维持会"的名义发布宣言，要求隆裕太后坚持君主政权。这一组织被称为"宗社党"（宗社是宗族社稷的简称）。他们密谋夺回被袁世凯攫取的权力（良弼的禁卫军统领权就是被袁世凯剥夺的），然后由铁良统率帝国军队，与南方的"乱党"决一死战。

腊八这天，清廷按照习俗向贵胄们馈赠腊八粥。当良弼借此机会与贵胄们密谋战事的时候，那位自称"崇恭"的青年乘坐京奉线火车抵达北京。下火车后，他换乘马车来到金台旅馆。登记时，他自称因军情从奉天来京，并取出"崇恭"的名片，开了十三号房间。入房间小憩，他就说自己有紧急公事，需要入城，让旅馆的人替他备好马车。

青年驾马车离开金台旅馆，先到清廷的最高军事参谋机关——军谘府，后到良弼旧宅，均未见到良弼大人。旧宅的门房告诉他：良弼大人一般是回红罗厂的新宅住宿的。于是，青年驾车前往红罗厂。当他赶到的时候，已经是傍晚。

这名怀揣"崇恭"名片的青年，真名叫彭家珍，字席儒，四川人，时年23岁。此时，他的真实身份是京津同盟会北方暗杀部的领导人。良弼是他选中的暗杀对象。

之所以选择暗杀良弼，不是因为他昏聩无能、鱼肉百姓，恰恰与此相反，良弼是满族亲贵中少有的能臣。他青年时东渡日本留学，就读于陆军士官学校。毕业回国时，适逢清廷编练新军，他入练兵处，参与了很多振武图强的军事改革。他尤其注意延揽军事人才，新军将领吴禄贞、冯耿光、蒋百里等，就是他推荐和提拔的。与腐化无能的贵胄们相比，良弼堪称翘楚。他心怀大志，不沉溺于声色犬马。李炳之在《良弼印象记》中写道，良弼只是"偶尔和三五知己，到东西牌楼隆福寺街福全馆去，吃吃油爆猪肚仁和盐爆羊肚仁"。

良弼很看不惯纨绔子弟们的恶习。有一次，庆亲王奕劻的儿子载振在光天化日之下强夺一名老汉的女儿，老汉不允，他竟指使家丁殴打老汉，被路过的良弼碰个正着。良弼冲上前去，拉住施暴的家丁。旁人小声告诉他：那是庆亲王的儿子，振贝子爷，您还是甭管这档子闲事了。良弼听闻，竟痛骂载振，两人很快扭打起来。直到巡警赶来，将两人拉开。巡警惧怕庆亲王的威权，不问青红皂白，要将良弼抓走。良弼扯开衣襟，露出系在腰间的黄带子，表明他的宗室身份。他对巡警说："这

良 弼

彭家珍

100

是我们的家事，你们管不了，带我们到宗人府去。"巡警只得将两人带到宗人府。在宗人府的堂官面前，良弼正气凛然，怒斥载振道："大清江山就坏在你们这些人手里！"堂官点头称道，下令将载振收押起来。第二天，庆亲王前来求情，灰溜溜地领走了儿子。

革命党人之所以选择良弼这样的宗室精英作为暗杀对象，是因为他们明白：在清廷，祸国殃民者是他们的同盟，因为他们像白蚁一样侵蚀大清江山，促成革命的成功；振国图强者才是真正的敌人，因为他们匡扶帝国，使它变得难以征服。同样被革命党人列为暗杀对象的还有载沣、恩铭、端方、袁世凯，他们无不是帝国极具才能和影响力的政治家。

恩铭和端方先后死于革命党的刀枪之下，载沣和袁世凯则侥幸躲过革命党的暗杀。未遂的暗杀行动使他们成为惊弓之鸟，出于保命的本能，他们加强警卫的力量，这无疑增加了暗杀的难度。为了成功刺杀良弼，彭家珍做了充分的准备。他辗转在良弼的朋友之间，与他们厮混，终于窃得良弼的照片，记下容貌。他发现良弼的亲信、奉天讲武堂监督崇恭与自己外表有几分相似，他曾在讲武堂与崇恭共事，保留着崇恭的名片。彭家珍以崇恭的名义向良弼发去一封假电报，说自己希望来京投奔，共举大业。良弼允诺，旋即邀请他来京商议。

在腊八前一天，彭家珍将一张百元银票和一封信交给仆人伍焕章，并且告诉他："我有事到别处去，能不能回来还说不定，你把我的东西送到天津，交给民意报馆。如果有朋友来找我，请他们不要住在我的房间里。"交代完毕，他换上新买的标统制服，坐上了开往北京的火车。

辛亥年十月十日，武昌爆发起义，清廷命正在滦州参加永平秋操（军事演习）的第二十镇新军开赴湖北，攻打革命军。第二十镇统制是倾向革命的张绍曾，他接到军令，却按兵不发。

与此同时，清廷从欧洲采购的一批军火，包括5000支步枪和500万发子弹，正从俄国西伯利亚铁路进入关内，途经滦州，直赴湖北前线。东三省总督赵尔巽派三名新军负责押运这批军火，革命党人彭家珍恰是其中之一。彭家珍密电陈兵滦州的张绍曾，请他截留这批军火。张绍曾截获军火之后，实力大增，联合第二混成协协统蓝天蔚、第三十九协协统伍祥祯、第四十协协统潘榘楹、第三镇第五协协统卢永祥，致电清廷，提出政治改革的要求。

滦州位于今河北省东北部（清朝时隶属于直隶省），距离京城不过300公里。就在同一天，山西省宣布独立，东西呼应。朝廷深受震动，知道危险迫近，急忙将滦州的火车集中到北京，防止新军乘火车调动。第二天，朝廷就答应新军的要求，摄政王载沣以宣统皇帝的名义发布罪己诏，释放了曾刺杀自己的革命党汪精卫、黄复生等人。

如此成果，彭家珍功不可没！

一月初，北方革命党人在滦州、通州等地起义，惨遭清军围剿捕杀，起义均告失败。革命党人以为起义失败的原因，主要是袁世凯、铁良、良弼等魁首的力量强大。于是，京津同盟会设立北方暗杀团，以暗杀为手段，诛除元凶。

在腊八这天上午，北洋巡防大臣张怀芝坐火车刚抵达天津北站，就遭到天津暗杀团薛成华等五人的刺杀。这么重大的消息，良弼一定有所耳闻。而在此之前，良弼已经获得情报，知道了革命党的刺客们瞄上了他。

腊月八日的深夜，彭家珍在良弼府邸的客房等候许久，依然没有听到屋外有人回来的动静，他按捺不住了。于是夺门而出，准备再去军谘府。在胡同里没走多远，他就听到了马蹄声，挂着军谘使灯笼的马车离他越来越近。良弼刚从马车上迈下一只脚，就看见一个青年朝自己递来名片，却不说话。良弼看到名片上的"崇恭"二字，可借着灯光一看，觉得眼前的青年不全像崇恭。他的脑海顿时闪出几天前得知的情报，情急之下，他大呼刺客，拔腿便跑。彭家珍朝他连续投掷两枚炸弹。巨响之后，彭家珍倒地，一块弹片从下马石弹回，击中了他的后脑，他当场身亡。良弼倒在血泊中，左腿已被炸断，只有筋皮相连。他艰难地喘着气，对身旁的人说："杀我的人，是英雄，他没杀袁世凯和荫昌，却来杀我，朝廷不识我，只有他识我，真是我的知己啊！我死了，大清也亡了。"良弼苦撑数日，殒命。

良弼死，宗社党成员作鸟兽散。大清江山，因此更难自保。

彭家珍交给仆人的那封信，是他的绝命书，书上写道："共和成，虽死亦荣；共和不成，虽生亦辱，不如死得荣。"

→ 历史深处的游魂

千古奇谈: 清廷与平民打官司

位于上海四马路的巡捕房, 是英国人的地盘。1903 年 7 月 15 日, 章炳麟从这里被押往北浙江路的会审公廨。与他一起被押解的, 还有年仅 18 岁的邹容、苏报馆同事龙泽厚、苏报馆账房程吉甫、冒充孙文的钱宝仁、苏报馆主人陈范的儿子陈仲彝。

当六人走进会审公廨时, 他们看到了等候已久的洋人律师。律师是英美公共租界当局为他们配备的。

这是六人被关押后第一次接受提审。会审官是由上海道台任命的中国人孙建臣, 他严肃地宣布审讯开始。

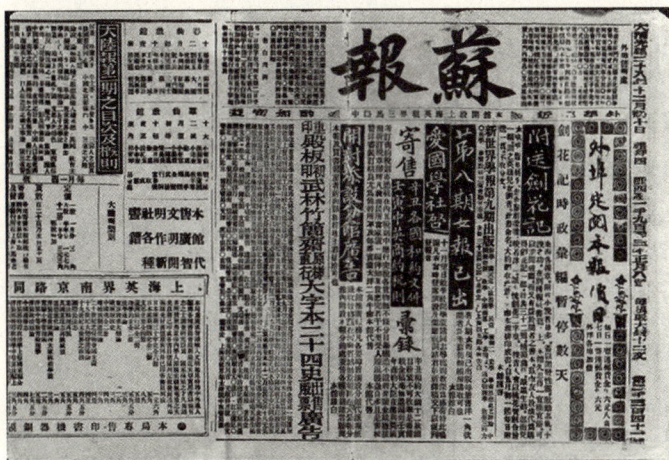

《苏报》

这件案子，与一份名为《苏报》的报纸有关。《苏报》本是一份名不见经传的上海坊间小报，销量惨淡，被绅商陈范收购之后，陈范聘请章士钊为主编。那时，刚刚20岁出头的章士钊因为学潮风波，从江南陆师学堂来到上海爱国学社，与蔡元培、吴稚晖、章炳麟等人结识。章士钊与章炳麟、邹容意气相投，结拜为兄弟。章士钊有了《苏报》这个小园地，很自然地就想到邀请兄弟们为其撰稿。章炳麟和邹容当仁不让，先后在这份报纸上发表了不少文章，尤其是章炳麟的《驳康有为论革命书》、邹容的《革命军》，文辞激烈，多有对当朝皇帝与太后的不敬，还煽动排满、鼓吹革命。

《苏报》的发行量因为章士钊、章炳麟、邹容等人的加入而节节攀升，影响力越来越大，不过，也因此惹恼了清政府的官员们。清廷表示很生气，然而，后果似乎并不严重。苏报馆的注册与办公地点都在公共租界内，而租界偏偏是个强调言论自由的地方，清廷不能随便抓人。两江总督魏光焘委派江南陆师学堂总办俞明震专程赶往上海，会同上海道台，与公共租界当局交涉，要求他们抓捕章士钊、章炳麟等人。俞明震是章士钊的老师，他在抵达上海的当晚就秘密约见了在苏报馆工作的吴稚晖，向他透露了清廷查办苏报馆的意图。于是，与苏报馆有关系的吴稚晖、蔡元培、章士钊、陈范等人纷纷出逃。

章炳麟偏偏不识相，当吴稚晖劝他逃走的时候，他不以为然，还讥讽吴稚晖小事扰扰，没有骨气。章炳麟不愿逃跑，除了有骨气之外，恐怕更因为他心存侥幸，认为租界当局会保护他的言论自由权和人身安全——租界曾经保护过康有为、黄遵宪这样的清廷通缉要犯。

章炳麟是在爱国学社被抓捕的。当巡捕闯入爱国学社的时候，章炳麟大义凛然，高声说道：其他人都不在，要拿章炳麟，我就是。章炳麟就这样"自愿"地被抓进了巡捕房大牢。

四马路上的巡捕房由租界当局管理，条件还算不错，生活起居也方便，还允许章炳麟接待客人。即便如此，章炳麟还是感到了寂寞和恐惧。他莫名其妙地写了一封信给邹容和龙泽厚，劝告他们敢作敢当，不要只知逃匿。邹容和龙泽厚收到章大哥的信，出于情谊和义气，不顾好友张继的劝阻，毅然决然赴巡捕房投案自首。

会审公廨由清廷与英国政府在1869年共同设立，它的职能是审理发生在租界内的犯罪案件。会审公廨的专职会审官称为谳员，由上海道台任命；外国领事人员担任陪审官。如果案件涉及洋人或洋人雇佣的仆人，那么，陪审官就参加会审或观审；纯粹的华人案件则由会审官自主审判。会审公廨虽然名义上是清廷设在租界里的法庭，但实际的案件审理则依据西方司法理念和审理程序，外国领事人员在案件审理过程中起主导作用。

会审官宣布审讯开始后，为章炳麟等六人辩护的律师首先发问：此案的原告是谁？

会审公廨审判案情的情景

109

会审官一下子被问懵了。

被告律师紧接着援引法规，说：有被告而无原告，本案根本就不能成立，应该立即将这几个人无罪释放。

会审官孙建臣立刻严词拒绝：这怎么可能！

被告律师反问道：那么，原告究竟是谁？

会审官不知如何是好，茫然回答：原告是中国政府。

于是，清廷的代理人走向原告的位置，代表国家起诉章炳麟等六人。泱泱清政府与六个平民对簿公堂，实在是千古奇谈，前无古人后无来者。清政府控告苏报馆与章炳麟等人大逆不道、煽惑乱党、图谋不轨。尤其是章炳麟，不仅在文章中直呼皇帝名讳，还骂其为小丑，对圣上大不敬，罪大恶极。章炳麟在《驳康有为论革命书》一文中，直斥光绪帝为"载湉小丑，不辨菽麦"——这八个字绝对可以用石破天惊来形容。按大清刑律，犯下如此重罪的人要被处以极刑。

对于清廷的控告，章炳麟据理力争，辩解道："今年（1903 年）二月份，我在爱国学社任教，因为看到了康有为写文章反对革命，袒护满人，所以才写了这篇文章反驳他。"他强调那篇文章是写给康有为个人的，至于为什么会被出版，他自己也不是很清楚。对于直呼圣上名讳的指控，章炳麟回应说：根据西方观念，直呼统治者的姓名没有任何不妥，他完全不知道自己为什么不可以那样做。满腹学问的章炳麟还引经据典，硬是"考证"出"小丑"一词的含义是"小孩子"，所以对圣上不敬的罪名也不成立。

第一次会审就这样结束了，章炳麟等六人被押回巡捕房。

第二次会审在六天后的下午两点一刻开始，地点不变。清廷聘请的律师古柏表示，这个案件还有很多事情没查清楚，因此原告请求暂时中止审理，等到调查清楚后再择期会审。

被告律师立即表示反对，他说：既然原告不能指出被告所犯何罪，还说有些事情没调查清楚，那么法庭应该立即撤销此案，将被告无罪释放。

清廷当然不会同意，在会审官孙建臣的坚持下，法庭接受了原告的请求，暂时中止审理此案，章炳麟等人再次被押往巡捕房。章炳麟心里清楚：自己不会被轻易释放，他的命运取决于清廷与租界当局的幕后谈判。

清廷的要求很明确。章炳麟等人被捕入狱后，军机处领班大臣奕劻的代表联芳、两江总督魏光焘、上海道台袁树勋等人就向租界提出将犯人"引渡"给清廷的要求，他们打算对犯人处以极刑。章炳麟等六人均为华人，也不受雇于洋人，所以，清廷根据会审公廨的原则和惯例，理所当然地提出引渡章炳麟等六人的要求，由清廷独立审理此案。

租界当局的态度模棱两可，既没爽快答应清廷提出的要求，也没有明确拒绝。毕竟，章炳麟等人是在租界被抓捕的，《苏报》也是在租界注册和出版的，《苏报》及章炳麟等人也都颇有影响力，很多双眼睛看着，就连洋记者也挺关注这件案子。租界当局以保护犯人的人身安全和基本权利为由，表示暂时不将章炳麟等人"引渡"给清廷。这个决定获得了各国驻上海领事的认同和支持。

第二次会审结束后，清廷再度提出"引渡"章炳麟等人的要求，正当租界当局犹豫和拖延的时候，在北京发生了令人震惊的"沈荩案"。沈荩，字愚溪，湖南省善化县（今长沙市）人，他是一名职业记者，任职于日本人主办的《天津日日新闻》。1903年，清廷与俄国签订了一份丧权辱国的密约，将东三省与内蒙古的路政税权及其他主权送与外邦。

沈荩通过收买政务处大臣王文韶的儿子，获知了这份密约的内容，悲愤之下，将密约发表在报纸上，公之于众，昭示天下。国内舆论哗然，群情激愤，清廷颜面丧失。恼羞成怒的清廷逮捕了沈荩，在刑部大堂上，狱卒们手持木板，轮流捶打沈荩。四小时后，肉绽骨裂的沈荩竟然尚存气息，狱卒们只得用绳子将他勒死。

沈荩

沈荩的死引起了西方社会的普遍同情和关注，在言论自由观念早已深入其心的西方人看来，清廷杖毙沈荩的行为毫无人道。莫理循是英国《泰晤士报》的驻华记者，也是沈荩的好友，沈荩死后，这位字迹一向潦草的英国记者一改往日的写字习惯，异常工整地在友人的照片背面写下一行英文——"沈克诚（沈克诚是沈荩的初名），杖毙，1903年7月31日，星期五。"他还痛骂慈禧太后为"那个该杀的凶恶老妇人"。租界当局意识到：如果将章炳麟引渡给清政府，那么"沈荩案"这样的惨剧就会重演。为了避免舆论压力，租界当局拒绝了清政府的"引渡"要求。

12月3日，章炳麟等人再次被押解到会审公廨，这是他们第三次参加会审，会审官变成了汪瑶庭。原告律师在重申被告罪名和诉讼请求之后，建议先审理程吉甫、钱宝仁、陈仲彝、龙泽厚四人，他们已经在监狱关押了四个月，足以抵消他们在本案中所负的责任。原告不打算再对他们进一步追究，可以由法庭宣布立即释放。法庭接受了原告的建议。

此后，原告和被告律师都将精力集中在章炳麟和他的小兄弟邹容身上。正是他们两人在自己的文章和著作中"诽谤朝廷""煽动革命"。原告律师花费了很长时间征引两人的文字，以证明他们的罪名成立。比如，邹容的《革命军》中有"诛绝五百万有奇披毛戴角之满洲种"的话。

章炳麟和邹容在被告律师的指点下，巧妙地回应了原告的指控。邹容除了承认《革命军》是自己所作外，其余一概不承认。他还表明《革命军》所记载的只是他以前的思想，如今他的思想早已发生巨大变化。邹容还表示自己对《革命军》的出版感到非常诧异，因为手稿还与其他行李一起放在日本东京，因此，《革命军》的出版与他毫无关系。至于出版者究竟是谁，这个问题应该由原告来追究和回答。

第三次会审历时四天。会审结束后，会审官汪瑶庭宣布判处章炳麟、邹容死刑，因为时逢光绪帝生日，减刑为终身监禁。不过，这一判决并未生效，因为英国副领事当庭抗议，表示这个宣判结果没有与租界当局协商，因此不予通过。外国人对中国主权的野蛮侵犯，此时竟成了章炳麟和邹容的保护伞，历史的吊诡之处正在于此。

会审公廨判决的执行者是租界，因此，租界当局的反对就意味着判决不会被执行，因而也就没有实际意义。后来清廷与租界当局经过多次协商，在1904年5月21日改判邹容监禁两年，章炳麟监禁三年，刑期自抓捕之日算起，所以，邹容还需要在监狱服刑一年，他的章大哥还得服刑两年多。

沸沸扬扬的"苏报案"至此尘埃落定。

只是，与清廷初衷相悖的是，"苏报案"的发生，不仅没有勒住人民的喉舌，反而使章炳麟和邹容名声大噪，越来越多的人购买和传阅他们的著作。章炳麟和邹容最终受到的惩罚较轻，很多人因此受到鼓舞。新式报刊的数量未减反增，越来越多的人敢于在纸上激扬文字、指点江山，与清廷唱对台戏。

赵凤昌：通天推手助产民国

在上海的南阳路，曾坐落着一栋名为"惜阴堂"的洋楼。惜阴堂占地十亩，前挨南阳路，后接爱文义路；堂前是一片宽阔的草坪，门框两侧悬挂着实业家张謇撰写的一副对联："有闭关却扫之风，左顾孺人，右弄稚子；以运甓惜阴之志，门有通德，家藏赐书。"（运甓：典出《晋书·陶侃传》："侃在州无事，辄朝运百甓于斋外，暮运于斋内。人问其故，答曰：'吾方致力中原，过尔优逸，恐不堪事。'其励志勤力，皆此类也。"后以"运甓"比喻刻苦自励。）

惜阴堂的主人，名曰赵凤昌，字竹君，江苏常州人。惜阴是他的号。张謇，是惜阴堂主人的挚友。

辛亥年武昌起义后，49 岁的广东人唐绍仪被袁世凯任命为北方和谈

惜阴堂

赵凤昌（左立者）

总代表。早在 1874 年，他作为第三批留美幼童之一，就读于哥伦比亚大学，七年后被召归国，曾任驻朝鲜汉城领事、驻朝鲜总领事。在朝期间，他曾是驻朝鲜商务代表袁世凯的书记官，因此与袁世凯建立友谊。之后，袁世凯委其重任，命他赴上海与革命军代表伍廷芳谈判，促成南北和平统一。

　　唐绍仪受命后，在汉口乘坐"洞庭"号小江轮顺流东下，前往上海港，他将在上海与南方的谈判代表们协商停战事宜，促成南北和平统一，使生灵免遭战火涂炭。同行者还有袁世凯的亲信幕僚杨士琦、浙江议和代表章宗祥、福建代表严复、湖北代表张国淦、广东代表冯耿光等，这些人均为袁世凯精心挑选，都是具有开明思想的新派名流。与他们同船的还有一位面容俊美的青年，他是谋刺摄政王载沣未遂的革命党人汪精卫。武昌起义后，他被清廷特赦，此时，他已投在袁世凯门下。

　　唐绍仪抵达上海后，住在英国老朋友李德立的公馆，李公馆位于戈登路；其他代表下榻在位于静安寺路的沧州饭店。这两个地方离惜阴堂都不远。几天后，唐绍仪收到袁世凯从北京发来的电报，兴奋地说："北京来电了，赶紧打电话给赵老头子。"电话接通后，唐绍仪有说有笑，显然，他与电话那一边的"赵老头子"关系密切。随行人员迷惑不解地问道：南方和谈代表是伍廷芳，为什么反而打电话给这个赵老头子？唐绍仪回答：伍廷芳只是名义上的南方总代表，倒是这位赵老头子能当事决断，真正代表南方革命军的意见。

唐绍仪说的赵老头子，就是惜阴堂主人赵凤昌。辛亥年，他55岁，这一岁数较孙文年长10岁，较袁世凯长3岁，较黄兴长18岁，较唐绍仪长6岁。

北方和谈代表一路风尘赶到上海，当晚，唐绍仪就带着冯耿光拜会惜阴堂主人赵凤昌。在此之前，冯耿光对赵凤昌其人一无所知。当时，赵凤昌在电报局挂名担任一份闲差，不用坐班，只拿银子。这是他曾经的上司张之洞为他谋得的。赵凤昌曾是张之洞的幕僚，据说，他因为代替上司受过，被朝廷开缺，永不叙用。冯耿光完全弄不明白这位闲人究竟会在南北议和中起什么作用。唐绍仪似乎看出了冯耿光的疑惑，对他说："南方要人如孙文、汪精卫、陈其美等，有重要的事情都会与赵凤昌商议，因为赵老患有足疾，行动不便，大家为了迁就他，就到他的私人府邸去会面。"

这位无官无职的赵老头子，寓居上海，却比其他人拥有更丰富的人脉资源，除了南方革命党人之外，立宪派杨度、张謇、汤寿潜等，清廷汉官盛宣怀、梁敦彦、熊希龄、庄蕴宽等，都是他的好友。湖北地方政府派往日本的留学生往返上海，大多受到赵凤昌的关照，如蒋作宾、何成濬、李书城等。赵凤昌因此与很多新军将领建立了密切的关系。

早在庚子年（1900 年），在清廷的默许和唆使下，义和团拳民毁铁路、拔电杆、烧教堂、灭洋人、杀教民，围攻外国使馆，枪杀德国公使。这些行径惹恼了列强，八国联军在英国海军中将西摩尔的带领下，从天津进犯北京，义和拳民所谓的刀枪不入之躯在洋枪洋炮面前不堪一击。清廷以光绪帝的名义下诏，要求各省对外宣战。张謇、赵凤昌、盛宣怀等人认为清廷向全世界开战的举措实在不明智，而且胜算寥寥，为了保证东南各省的安全，他们多方联络、游说，最终促成了"东南互保"方案——两江总督刘坤一、湖广总督张之洞、两广总督李鸿章、闽浙总督许应骙、四川总督奎俊、山东巡抚袁世凯与诸列强达成协议：东南各地方政府不奉行宣战诏令，列强也不得在东南地区挑起战火。随后，八国联军攻占京城，两宫仓皇出逃，东南各省却得以保全。

武昌首义后，孙文几经辗转，在辛亥年十二月二十五日踏上阔别已久的故国。在回到上海后的第二天，他就匆匆赶往惜阴堂，与惜阴堂主人密商国是。

黄兴率革命军在汉口与北洋军激战，无奈兵败如山倒，心念俱灰，数度求死，幸亏被随行人员拉住。他回到上海，首先去的地方也是惜阴堂。

上海宣布光复后，革命军领袖陈其美匆匆赶到伍廷芳家中，他造访伍老的目的是请他担任南方和谈总代表。伍廷芳早年留学英国，是近代中国第一位获法学博士学位的人。在清廷推行新政时，他被任命为修订法律大臣，他借此提出废除酷刑、实行陪审和律师制度等先进主张。此时，伍廷芳正享受着无官一身轻的闲居之乐，他与革命党也素无瓜葛，因此，他婉言谢绝了陈其美的请求。没想到，陈其美竟长跪不起。最终，陈其美的诚意打动了伍廷芳，伍廷芳因此成为南方和谈总代表——这其实正是赵凤昌的安排。

武昌枪响后，势单力薄的革命军虽然不敌北洋军，但是燃起的革命之火始终没有熄灭，牵制了清军的主力部队，为各省的响应赢得了宝贵时间。随后，十多省相继宣布独立，大清帝国轰然倒塌。袁世凯清楚地意识到清廷大势已去，回天无力，所以，当袁世凯手下的战将冯国璋攻克汉阳，准备趁势一举攻下武昌时，却意外收到了停止进攻的命令。武昌城就在眼前，城内革命军已经寥寥无几，胜利唾手可得，急于取胜的冯国璋让部队继续炮轰武昌。结果，他在三个小时内连续收到了七封急电，袁世凯严令他立即停战。

北洋军与革命军激战正酣的时候，袁世凯已经为和谈代表的人选问题冥思苦想了。正当他一筹莫展之际，有人向他推荐了一个人。他听到这个人名，茅塞顿开，击掌叫好。这个人，就是他曾经的部属唐绍仪。唐绍仪，字少川，广东珠海人。辛亥年，他49岁。唐绍仪曾在上海闲居过一段时间，与赵凤昌过往甚密。南北议和开始前，赵凤昌通过他的妻弟洪述祖向袁世凯推荐唐绍仪。同时，为了说服唐绍仪答应，赵凤昌找到了唐绍仪的同乡同学、时任上海电报局局长的唐元湛，以老同学的关系，晓其大义。在赵凤昌的安排下，南北和谈的人事安排如愿敲定。

有一个细节值得在此记述。在袁世凯选定唐绍仪为和谈总代表之后，他的幕僚杨士琦提醒道：唐绍仪是广东人，南方和谈总代表伍廷芳、革命阵营的领袖孙文也是广东人，广东人和广东人碰头，几句广东话一说，倒是不可不提防一下。袁世凯对此不以为意，他信得过唐绍仪。

唐绍仪抵达上海的当晚就秘密前往惜阴堂拜会赵凤昌，落座之后，一番嘘寒问暖，南方和谈代表伍廷芳"碰巧"也赶来了。在赵凤昌的有意安排下，南北双方和谈总代表终于开始了对话。历史的走向，正悄悄发生着改变。

百密一疏的袁世凯没有想到，唐绍仪虽然身为清廷代表，但他在美国留学多年，早已接受共和思想。在谈判之前，他已剪掉了拖在脑后的长辫子，穿上西装，打着领带。在惜阴堂的那一晚，唐绍仪不无幽默地对身穿长袍马褂的伍廷芳说："我有共和思想，可比你要早啊。"

在过去的十多年间，无论是袁世凯，还是赵凤昌、张謇、伍廷芳、唐绍仪，他们都曾是君主立宪的积极推动者，只是满族亲贵们上台后，倒行逆施，一个皇族内阁，一个铁路国有政策，伤透了他们的心，他们对清廷的信心和信任丧失殆尽。当各省纷纷宣布光复后，他们终于转变立场，认同并支持建立共和政体。他们的这一转变，影响力毫不逊于革命军的枪和炮。事实上，正是实力派士绅阶层的集体"叛逃"，使得清廷失去了统治基础。

南北和谈总代表初会的第二天晚上，惜阴堂又多了两位客人，他们是孙文和黄兴。唐绍仪、孙文、伍廷芳这三位广东人，用家乡话相谈甚欢。唐绍仪亲切地称孙文为"中山"，称湖南人黄兴为"克强先生"。

1911年12月18日，南北和谈代表在英租界大马路市政厅正式对公众亮相，那是一栋红色洋楼，建筑和装饰风格完全西式。和谈代表们看上去神情轻松。在开议前一天，唐绍仪与伍廷芳一唱一和，颇为幽默。唐绍仪说：明天去市政厅，不过是为欣赏一下漂亮的建筑。伍廷芳回应道：喝红酒、抽雪茄，也不失为一项乐趣。之所以如此轻松，是因为该谈的早已在惜阴堂谈妥，公开场合的谈判只是做做样子而已。在此后的多轮谈判中，南北双方代表在市政厅的表现具有很多表演成分，他

南北和谈会议

们表情严肃认真、说话官腔十足，而且频频表现出强硬姿态。然而，实质性的谈判是晚上在惜阴堂悄悄进行的。南方代表团秘书余芷江回忆说："白天开会是在做文章，谈停战问题，规定你让出多少里，我让出多少里。白天打出去的电报是互斥对方违反协定等等。重要问题在夜里谈：确定共和政体、清帝退位问题、退位后谁来（主政）的问题、要外国承认问题等。所以夜里打出去的电报才是会议的内容，而这些内容在会议进行时并不公开。"

1912 年 1 月中旬，一番博弈之后，南北双方终于在惜阴堂达成一致：由袁世凯逼清帝逊位，南北双方拥护他为中华民国大总统。

百年后，赵凤昌的名字已经鲜为人知，然而，这位谋国者在历史演进中所做的贡献，应该为后来者记住。一介布衣的赵凤昌就是传说中的通天人物，虽无一官半职，身处江湖之远，却能呼风唤雨，办得成事情。

隆裕太后：一个背负亡国责任的女人

辛亥年十二月二十五日（1912年2月12日）清晨，外务部大臣胡惟德像往常一样，顶戴花翎，衣冠楚楚，与其他的朝中大臣一起，在乾清宫东南角的走廊里等候早朝。在场的人还有民政大臣赵秉钧、陆军大臣王士珍、海军大臣谭学衡、司法大臣沈家本、邮传大臣梁士诒、度支大臣绍英、工商大臣熙彦、理藩大臣达寿等。他们都是袁世凯内阁的成员。

内阁总理大臣袁世凯已经有一段时间不再入朝了。武昌城爆发起义后，清廷不得不请出被罢官的袁世凯，并委以大权，期望他收拾残局。此前，袁世凯的车队在途经东华门大街与王府井大街转角处时，遭遇炸弹袭击。行刺者不止一人，他们向袁世凯的车队投掷了三枚炸弹，第一枚炸弹没有爆炸，后两枚显示出烈性炸药的巨大杀伤力——当场死伤二十多人；周围的民居在巨大的冲击波中有不同程度的损毁。

《泰晤士报》首席记者莫理循目睹了这惊心动魄的一幕。当时，他站在路边等待袁世凯的车队。爆炸就发生在他目力所及的地方，巨大的声浪和气浪差点把他掀翻在地。他以一名外国记者的视角记录下了当时的细节："一个卫兵倒在马路正中间，面部朝下，如同一头刚刚被宰杀的猪一样，一股股鲜血不断涌出，他很快就要死去。没有人注意这位身受重伤的卫兵，也没有人将他挪到安全一点的地方。距离消防泵和灭火水龙头不远处躺着一个被炸伤的士兵，眼看也活不成了，同样没有人去关心他。往远处一看，还有一匹被炸死的马……"

坐在轿中的袁世凯福大命大，在如此威力巨大的爆炸中，他竟毫发未伤。在卫兵的帮助下，他骑上快马，逃离了爆炸现场。

从此后，他就称病在家，不再参与清廷的早朝了。胡惟德成了他的全权代表。

这一天，温度很低，等候在殿外的各大臣手捧热气腾腾的盖碗茶，都不怎么说话。没过多久，沉闷的空气中传来了小太监的通报声：请各位大臣上殿。众人在胡惟德的带领下走进养心殿。内务府大臣世续和内阁协理大臣徐世昌早已在殿中等候。少顷，隆裕太后领着小皇帝溥仪进殿，慢慢向殿中的龙椅走去。各大臣面向龙椅，横列成两排，向隆裕太后和小皇帝三鞠躬——他们没有像以往一样行三叩九拜的大礼，隆裕太后同样没有依照惯例垂帘听政。

这是大清帝国最后一次早朝的景象。

太后和小皇帝在龙椅上坐定后，胡惟德启奏：内阁总理大臣袁世凯因病无法上朝，委托臣向皇上和皇太后请安。

隆裕太后对袁世凯的"鞠躬尽瘁"表示首肯。

隆裕太后

小皇帝溥仪

1月19日，位居帝国顶端的满洲贵族们——良弼、毓朗、载涛、载泽、溥伟、铁良等人，以"君主立宪维持会"的名义发布宣言，要求隆裕太后坚持君主立宪政体，反对共和。他们的胸前都刺有二龙图案和满文，这一组织被后世学者称为"宗社党"。几天前，宗社党成员秘密召开会议，谋划从袁世凯手中夺回内阁总理的职权，再由毓朗、载泽出面组织新内阁，由铁良出任清军总司令，与革命军血战到底。

宣言发布的第二天，溥伟拜见隆裕太后时说：革命党不足惧，我最担心的反而是乱臣借革命军的威胁，欺君冈上，恐吓朝廷。他所指就是袁世凯。清廷在四面楚歌、各省纷纷宣布独立时起用袁世凯，无异于饮鸩止渴。溥伟的告诫当然有道理，隆裕太后何尝没有意识到这一点，但她实在没有办法，此时的清廷已经失去了谈判的筹码。

隆裕太后甚至想绕开袁世凯，直接与革命党取得联系，但足不出皇宫的她根本不知道革命党藏在哪个犄角旮旯。她试图通过良弼以及其他宗社党成员与革命党互通声气，然而，1月26日，良弼被革命党人彭家珍用炸弹炸死，宗社党成员不宣而散，距离他们发布宣言不过一个礼拜的时间。王公贵族纷纷携家带小逃往天津、大连或青岛等地的外国租界避难，剩下孤儿寡母——太后和小皇帝在深宫无所依靠。

良弼被暗杀的那一天，清廷唯一倚仗的北洋军倒戈了。以段祺瑞为首的北洋军将领46人联名通电全国，赞成共和，反对帝制，要求清廷明降谕旨，宣示中外，立定共和政体。电文杀气腾腾："率全体将士入京，与王公剖陈利害，挥泪登车，昧死上达。"

南方的革命军更是摩拳擦掌，南京临时参议院通过决议：如果清帝没有在南北双方约定的停战期限内退位，民军将挥师北伐。1月29日，南京临时政府所辖各军将领在清江浦召开会议，推举联军总司令，部署北伐事宜。此时的清廷，已经丧失了在权力场上角逐的资格，沦为刀俎之间的鱼肉。惊慌失措的隆裕太后急忙封袁世凯为一等侯爵，企图笼络这最后一根救命稻草，却被袁世凯果断谢绝。清帝国犹如一艘即将倾覆的船，谁都不愿把自己的命运拴在这条船上了。

隆裕太后知道大势已去，无力回天，即使心里有一万个不愿意，也只好听别人的摆布。她在2月3日颁布诏书，授权袁世凯与南京临时政府磋商清帝退位的优待条件。袁世凯最后一次与她会面时，给她带来了"好消息"：未来的新政府将每年向皇室支付四百万两的岁费，退位后，溥仪仍保有皇帝尊号，暂居宫中，日后移居颐和园，侍卫人等照常留用，宗庙陵寝，永远奉祀，并由新政府派卫兵守护。据说，负责起草优待皇室条件的人，正是当年刺杀摄政王载沣后被赦免的汪精卫。

清帝国举行最后一次早朝时，载沣已经退政，帝国的军政大权名义上归属于隆裕太后。她拿出准备好的《清帝退位诏书》，尽可能用平和的语气对胡惟德等众大臣说：因为南方民军起事，各省响应，各地生灵涂炭，百姓得不到安宁，今天我把国家的大权交出来，让袁世凯去办共和政府，希望国家能够尽早统一，百姓能够早一天过上不打仗的安稳日子。接着，她宣读了退位诏书，并把诏书交给胡惟德。诏书写道：

前因民军起事，各省响应，九夏沸腾，生灵涂炭，特命袁世凯遣员与民军代表讨论大局，议开国会，公决政体。两月以来，尚无确当办法，南北睽隔，彼此相持，商辍于途，士露于野，徒以国体一日不决，故民生一日不安。今全国人民心理多倾向共和，南中各省既倡议于前，北方诸将亦主张于后，人心所向，天命可知，予亦何忍因一姓之尊荣，拂兆民之好恶。是用外观大势，内审舆情，特率皇帝将统治权公诸全国，定为共和立宪国体。近慰海内厌乱望治之心，远协古圣天下为公之义。袁世凯前经资政院选举为总理大臣。当兹新旧代谢之际，宜有南北统一之方，即由袁世凯以全权组织临时共和政府，与民军协商统一办法。总期人民安堵，海宇乂安，仍合满、汉、蒙、回、藏五族完全领土为一大中华民国，予与皇帝得以退处宽闲，优游岁月，长受国民之优礼，亲见郅治之告成，岂不懿欤！钦此。

据考证，清帝的退位诏书是张謇的手笔，且经过徐世昌反复修改。

退朝后，胡惟德手捧诏书，登上马车，向石大人胡同的外交部大楼疾驰而去。在大楼正厅等候的袁世凯从胡惟德手中郑重地接过隆裕太后刚刚颁布的诏书，国家的最高权力就以这样的方式完成了移交。这一刻，袁世凯神态威严而郑重，看上去一点儿也不像有病的样子。满洲贵族二百七十六年的统治至此终结，延续了两千年的帝制从此成为历史的陈迹。

清帝颁布退位诏书后，袁世凯通电全国，称共和是最优越的政体，他还号召全国人民共同努力，建设一个共和国家。孙中山见到电文后，立即向南京临时参议院辞去临时大总统职务，并咨文参议院，推荐袁世凯为大总统候选人。2 月 15 日，参议院举行总统选举会，袁世凯以全票当选为新一任临时大总统。

1912 年初秋，民国政坛的"三雄"——袁世凯、孙中山、黄兴在北京聚会，共商国是。武昌革命爆发后，满人最担心的就是汉人"以牙还牙，以血还血"，毕竟，当年入关时，满人杀过不少汉人，革命党人也一直在宣传"扬州十日""嘉定三屠"。但革命成功后，革命党人真的没拿满人怎么样。孙中山和他的同僚们闭口不谈"驱除鞑虏"，更没有像革命前说的那样杀光满人，反而想方设法修补与满人的关系。孙中山甚至在冯国璋的陪同下慰问禁卫军和八旗官兵。

早在 1902 年，梁启超就创造出"中华民族"的概念。当时，流亡在海外的革命党人以"驱除鞑虏"为口号，号召更多的人推翻清朝政府。"中华民族"这个极具包容性的新词汇突破了狭隘的民族观，使满汉对抗走向"五族共和"。

孙中山、黄兴进京后，特意安排了与清朝皇族的见面。据说孙中山还赠送了一张签名照片给载沣。隆裕太后命贝勒溥伦宴请孙中山与黄兴。溥伦平素与革命党人关系密切，他在金鱼胡同的那桐府宅内设宴，款待孙、黄二人。觥筹交错间，黄兴盛赞隆裕太后的深明大义，正是因为她毅然下诏退位，才使得民国的成立如此快速，而且避免了大规模的流血冲突，实在是莫大的功绩。黄兴提议大家举杯遥祝隆裕太后身体安康。

然而，隆裕太后并没有长寿。1913年2月22日，即宣统皇帝逊位一年多之后，这位背负大清灭亡责任的女人在长春宫病逝，终年46岁。隆裕太后弥留之际，睁眼瞧见年幼的溥仪，哭着说："汝生帝王家，一事未喻，国已亡了，母又将死，汝尚茫然，奈何奈何？"随后，她对站立在一旁的内务府大臣世续说："孤儿寡母，千古伤心；睹宫宇之荒凉，不知魂归何所。"将亡之人，言之凄凄，不忍卒听。

溥仪晚年在《我的前半生》中回忆道："我给（隆裕）太后请安时，常看见她在擦眼泪。"这个女人，被迫背负着亡国的责任，是在重负之下郁郁而终的。

伍连德：绝不应被遗忘的名字

辛亥年（1911年）正月的哈尔滨，天寒地冻。傅家甸地区每天都有很多人莫名其妙地死去，最多的一天竟然有200多人在痛苦中咽气。

死者身上遍布大块大块的黑斑，犹如邪恶的蝙蝠。由于气温极低，泥土冻结，死者无法掩埋。当伍连德赶到傅家甸地区的时候，呈现在眼前的是触目惊心的场景：2000多具棺材散落在野外，更多的无主尸体暴露在风雪中，被冻得僵硬。

一个恐怖的名词在被死亡阴影笼罩的百姓中口口相传：鼠疫。

此时的伍连德，年仅31岁，是归国不久的华侨，对中国语言还不甚熟悉，与周围人交流时还需要借助翻译随员。

辛亥年的春节刚过，清帝国的当家人——隆裕太后就关切地询问"鼠疫"的防治情况，摄政王载沣回答：朝廷已经拨发专款，饬令民政部和地方督府竭力防范，想来不至于传染到京城。正月初十，是隆裕太后的万寿圣节（即生日），紫禁城内歌舞升平，笼罩在一片喜庆氛围中，一道道高筑的宫墙把死亡的恐怖遮蔽得干干净净。

这场突如其来的鼠疫的疫情严重程度与载沣轻描淡写的回答相差甚远。鼠疫在哈尔滨集中爆发，随即迅速辐射东三省（黑龙江、吉林、辽宁），吉林、黑龙江两省因鼠疫而死亡的人数近4万，占当时两省人口的1.7%。疫情最严重的哈尔滨已经沦为一座死亡之城，每个人的神经都被死亡的恐惧紧紧勒住。

鼠疫带来的不仅是死亡，还有挥之不去的恐慌和无奈。辛亥年新年，陕西人吴宓考取了北京清华学校（今清华大学前身）的留美预备班，他从陕西乘坐火车去北京，火车开到山东泰安就停止不前了。他不得不与大多数乘客一起，滞留在简陋的客栈中。在旅客口中，他第一次得知东三省鼠疫盛行的消息，入京的人必须经过严格查验。

鼠疫病毒通过迁移的人流不断扩散，速度迅疾。春节在即，大批在关外打工的农民蜂拥着回关内的老家过年，加速了疫情的传播。鼠疫病毒悄然向北京蔓延。距离辛亥年春节还有一个星期，北京城已经有多人接连死去，死亡的消息从雍和宫、安定门、南柳巷、报房胡同、棉花胡同……不断传来。

京城的街头第一次出现了洒水车，沿街喷洒石灰水，以杀死那些不可见的病菌。北京城的居民习惯把垃圾随意丢在屋外，此时，巡警开始挨家挨户地劝他们不要再把垃圾随意丢弃在街道上，这些垃圾被认为是病菌的寄生体。

伍连德

鼠疫正猖狂时，清廷主政者听到了"伍连德"这个名字。向朝廷推荐此人的是外交部右丞施肇基。伍连德，祖籍广东台山，1879 年出生于英属殖民地——马来西亚槟榔屿。17 岁时，他获得了女王奖学金，赴英国读书，成为第一位获得剑桥大学医学博士学位的华人。随后，他赴欧洲游学，先后在英国圣玛丽医院、利物浦热带病学院、德国哈勒大学卫生学院、法国巴斯德研究所从事研究，曾师从诺贝尔生理学奖获得者梅契尼科夫和医学奖获得者霍普金斯。1903 年，他返回槟榔屿行医。

1907 年，伍连德受到直隶总督袁世凯的聘请，从马来西亚到清帝国，出任天津陆军军医学堂帮办。翌年 9 月，他抵达北京不久，恰逢光绪帝与慈禧太后相继逝世，袁世凯被新主政的摄政王载沣罢黜官职，回老家养"足疾"了。时任陆军部法官的丁士源与伍连德在英国时相识，丁士源将伍连德引见给陆军部尚书铁良，伍连德这才被正式委任为陆军军医学堂的副监督（相当于副校长的职务）。

辛亥年，清廷委任伍连德为"东三省防疫全权总医官"，全面负责东三省的鼠疫防治事宜。伍连德临危受命，随即赶往疫情最严重的哈尔滨。

当时的哈尔滨，有清帝国的百姓 2 万多人，俄国侨民 10 万人，日本人 2000 人。哈尔滨是北满和南满铁路的枢纽。当时，沙俄控制着哈尔滨到长春的东清铁路，日本控制着从长春到大连的南满铁路，从奉天到北京的京奉铁路属于清政府管辖。俄日战争之后，两国虽然在满洲（即东三省）划分了各自的势力范围，但明争暗斗从来没有消停过。

沙俄、日本均以保护侨民为幌子，要求独立主持各自势力范围内的防疫工作。两国拼命向清廷施压，甚至扬言要派兵，图谋东三省的主权。检疫、防疫工作一定程度上象征着主权。清廷虽然顶住了压力，但是在错综的外国势力之下，伍连德的防疫工作从一开始就面临着各种刁难和不配合，困难重重。

清政府在东三省的力量薄弱，在当地没有设立专门负责防疫的机构，更找不到一个懂现代医学的人。地方官员无所作为，摆出一副听天由命的姿态。

伍连德抵达哈尔滨的第三天，秘密解剖了一个嫁给中国人的日本女人的尸体。他从标本中发现了鼠疫杆菌。这是清帝国第一例人体解剖。伍连德用"肺鼠疫"这个新概念来解释如此众多的人神秘死亡的原因——这次爆发的是肺鼠疫，能够在人与人之间通过呼吸和飞沫直接传播，而以往的腺鼠疫，是从老鼠到跳蚤再间接传染给人。这个发现为鼠疫的防治工作确定了完全不同的方法：腺鼠疫主要通过灭鼠来切断传染源，而肺鼠疫是通过隔离疑似患者达到防治效果。

伍连德提出的"肺鼠疫"结论和防治方法，开始时未得到外国医学专家的认可。国际志愿者、法国医生摩赛尼（Dr.Mesny）来到哈尔滨，他毫不相信伍连德的理论，并且认为自己有资格取代伍连德担任"东三省防疫全权总医官"，这一要求被东三省总督锡良拒绝。1月5日，摩赛尼在哈尔滨铁路医院先后诊断了四名鼠疫传染者，他不采纳伍连德的建议，与传染者接触时未采取有效的防护措施。六天后，他停止了呼吸。

摩赛尼的死使本来就笼罩在死亡阴影下的帝国更加恐慌，总督锡良请求清廷立即断绝满洲交通，不允许任何人进入山海关。钦差大臣郑孝胥从东北返京时，在山海关隔离了五天才被准许通关。

摩赛尼的死亡事件扭转了整个防疫局势。伍连德的方法得以推广——病人被送往鼠疫医院，接触者被隔离，所有参与防治的人员必须佩戴加厚的口罩。伍连德调动军队，封锁疫情严重的城市，切断来往交通。由于当时资源匮乏，被隔离的人挤在简陋而狭窄的房间里，多名被隔离者受不了恶劣的环境，从隔离地逃了出来，涌向山海关。官府为了杜绝此类逃离事件的发生，发布命令，将逃跑者当场击毙。

老鼠啃噬尸体，携带着病毒蹿房越脊，无孔不入。鼠疫病菌在酷寒的气温下也能存活三个月。那些因为泥土冻结而无法掩埋的尸体必须尽快处理，最好的办法就是集中火化。但是这违背了中国土葬的传统。吉林巡抚与伍连德联名奏请朝廷，获得特准。在清帝国第一次集体火化的现场，民众远远地望着冲天的火光，神情呆滞，不知道心里有番怎样的感慨。

在总督锡良的支持下，伍连德成为医生、警察、军队，甚至是地方官吏的总指挥。疫情最严重的傅家甸被划分为四个区，每个区由一名医药大臣负责开展防治工作，每名医药大臣配备两名助理、四名医学生和为数众多的卫生员、警察。每天，各区派出四十多支搜查队，挨家挨户地检查疫情。一旦有新的感染者被发现，就会被立即送到医院，感染者的住处会被彻底消毒。

伍连德及其同事们的努力取得了卓越的成效。三个月后，因鼠疫而死亡的人数记录为零，而当鼠疫肆虐的时候，每天的死亡人数高达200人。这场抗击鼠疫的"战争"，调集士兵、警察、医生和其他勤杂人员近3000人，牺牲医务人员297人，历时七个月，最终完胜。

清廷为表彰伍连德的功绩，授予其陆军蓝翎军衔和医科进士。

集中焚烧的棺木

运尸队搬运鼠疫死者的尸体

参与防疫工作的俄国医生

端方：铁路成了他的催命符

要不是朝廷的一纸任令，赋闲在家的端方绝不至于在龙荒蛮甸的巴蜀之地送了命。

在清末的政坛，有所谓旗人三才子：大荣（荣庆）、小那（那桐）、端老四（端方）。端方无疑是三人中的翘楚，才华和政绩都远高于前两位。慈禧太后在位的时候，端方很受赏识。1903年发生的"苏报案"，本应由两江总督魏光焘处理。因为苏报馆在上海，章炳麟、邹容等"主犯"也都在上海活动。当时的上海属于两江总督管辖，慈禧却舍近求远，全权授予端方处理该案件，而端方当时是湖广总督，身在湖北。慈禧太后对他的信赖

端　方

可见一斑。

清末郑孝胥臧否时人说："岑春煊不学无术，袁世凯不学有术，张之洞有学无术，端方有学有术。"对端方的评价也很高。

慈禧去世后，端方被任命为"山陵大差"总办，负责慈禧葬礼的一切事宜。这位喜爱新事物的开明官员，安排了多名摄影师在出殡的路上拍照。慈禧一生，荣辱难断，留待后人评说。她走后，留下的是积贫积弱的清帝国，她的葬礼却极尽奢华，仅仅抬棺材的杠夫就多达千人，送葬队伍更是浩荡。端方安排的摄影师在人群中穿梭，正忙于拍摄，却莫名其妙地被官兵抓了起来。

弹劾端方的奏折很快就递到了摄政王载沣面前。李鸿章之孙李国杰率先发难，紧随其后的参劾者络绎不绝。他们纷纷说，端方在陵寝内架设电线，破坏了风水，在慈禧太后的葬礼上拍照更是摄走了皇室的魂魄。

当时的端方是清帝国的直隶总督兼北洋大臣，上任不过数月，这一职位曾是陆军部尚书铁良梦寐以求的肥缺。对于纷至沓来的弹劾，他并没有放在心上。1909年，他48岁，可谓年富力强，正意气风发地打算在帝国内部推行酝酿已久的政治变革计划，他怎么也想不到，摄政王真的听信了那些无稽之谈。只凭一道冷冷的上谕，他就被革职，新政鼎革之梦也瞬时化为乌有。

此时的摄政王载沣比端方更年轻，年仅26岁。载沣掌权后，做的第一件事就是惩办汉臣袁世凯。后者是北洋新军的缔造者，这支新建陆军诞生于中日甲午之战后的天津小站。至1905年，北洋六镇新军已经编练完成，每镇12500余人。这是一支军纪严明、装备精良的武装力量，是捍卫帝国安全的绝对主力。自李鸿章苦心经营的帝国海军在黄海

慈禧太后葬礼

悲壮沉没之后，北洋新军的崛起再次让帝国的统治者们感到了一丝宽慰。

北洋新军给袁世凯奠定了巨大的政治资本，也可能给他带来杀身之祸。慈禧死后，袁世凯失去了最牢靠的保护伞，执掌帝国政权的满族新贵们无不对袁世凯虎视眈眈。敏感的袁世凯自觉交出了四镇的兵权，由兵部大臣管辖。即便如此，他还是逃不脱被开缺回籍的政治命运。端方去职的真正原因，与当政的少年亲贵翦除袁世凯势力、巩固皇权不无关系。端方素与袁世凯交好，两人的政见多有合拍之处，都不遗余力地推行新政。他们俩还是儿女亲家，端方的女儿陶雍就嫁给了袁世凯的爱子袁克权。

端方与袁世凯均为立宪的积极推动者。1905 年 9 月，清廷派遣五大臣前往西方各国考察宪政。在京城正阳门火车站，激进的革命党人吴樾制造了爆炸攻击。侥幸逃命的端方不但没有因此心生畏惧，反而给上海的报界发去一封电函，声称：革命党人反对宪政，也从反面证明，朝廷实行宪政已经到了刻不容缓的时候。这话说得不无道理，朝廷一旦立宪，支持朝廷的人就多了，支持革命的人自然就少了，这正是革命党人最不愿意看到的事情。

同年 12 月，端方率领 40 余人的宪政考察团，低调地在正阳门火车站上车，火车行至秦皇岛，转乘"海圻"号轮船抵达上海，然后搭乘美国太平洋邮船公司的"西伯利亚"号巨轮前往日本。考察团于翌年 1 月 5 日登上了美国的海岸，之后奔赴英国、法国、德国、奥地利、俄国、意大利、丹麦、瑞典、挪威、荷兰等。每到一国，考察宪政制度，参观议院、政府机关、学校、警局、监狱、银行、邮局、工厂等，博物馆、戏剧院、浴池、教会、动植物园等也在他们的考察范围之内。所到之处，必垂问周详，记录在案，尽可能多地收集宪政资料、法律制度等。7月，考察团回国，带回了数百种书籍资料。

端方受到慈禧太后和光绪帝的三次召见，详细询问考察情况。随后，端方向清廷呈递八份奏折，就宪政提出了自己的看法和建议。在《请定国是以安大计折》中，他写道："专制政体不改，立宪政体不成，则富强之效将永无所望。"身为清廷命官，说出这样的话是很不容易的。他还与另一位考察大臣戴鸿慈合辑《列国政要》《欧美政治要义》近三百卷，奠定了预备立宪的基础。两宫在端方及其他考察人员的影响下，思想发生了转变，意识到富强中国，唯有立宪，别无他途，宪政之路终于延伸到了清廷的政治高层中。

辛亥年，闲居在家的端方倒也过得滋润，在北京西山的归来庵中，他与知交故友诗酒唱和，收集金石字画，自娱自乐。他还撰写了数十卷（册）关于金石书画的著作，闲情逸致可见一斑，似乎再无心于政坛了。

然而，时代风云变幻，粗暴地裹挟着个人的命运。辛亥年五月，南

端方在美国考察宪政

136

方的铁路风潮愈演愈烈，情势危急之际，摄政王想到了被他开缺回籍的端方。少年亲贵们平日里想着把权力集中到皇室，真遇到了危机，还是不得不起用能成事的能臣。端方是这样，袁世凯也是这样。后者在武昌起义后被清廷寄予挽大厦之将倾的厚望。

此时的端方，被朝廷授予候补侍郎督办川汉粤汉铁路大臣，南下平息越演越烈的保路风潮。接到任令的端方岂敢违抗帝国的意志？遂于七月带着胞弟端锦离开京城，去了武昌。

1911 年 1 月，官办商人盛宣怀当上了邮传部尚书，重掌铁路大政。5 月初，他还以邮传大臣的身份进入了千呼万唤始出来的"皇族内阁"，成为仅有的四位汉臣中的一位。盛宣怀一向主张铁路官办，上任不久，他就向载沣奏请铁路收归国有。他的理由是：中国的民间资本薄弱，而铁路建设耗资过巨，如果不举外债，就难以筹足资金；将筑路权收归国有，主干线由官府借外资修筑，零星的支线可以交由商办，这样才能最快捷地达成筑路的目的。他还强调，只要官府在举外债的时候，严格限定外资的权力，让外国人得到投资的利益，而得不到筑路、用人的权力，就不用担心路权会有所损害。

盛宣怀的分析不无道理，而且，在商办铁路的实际运作过程中，确实弊端百出。首先，资金的筹措如龟速一般，筑路效率极其低下；其次，各省各自为政，铁路线没有全盘规划，自筑门前路，断路难以衔接为通途。

出于上述原因，载沣采纳了盛宣怀的建议，一纸上谕，宣布将全国铁路干线全部收归国有。上谕传来，民间就炸开了锅，舆论大哗。湖南、湖北、广东三省的反弹最为强烈，多地爆发了集会、请愿活动。端方就是在这样的情势下被载沣搬了出来，他的命运自此改变。

端方到了武昌，还没歇过气来，四川的保路运动就闹得不可开交了。以会党为基础的保路同志会遍布四川各地，奔走串联，零星的暴动已经开始发生，处处风声鹤唳。清廷急命端方入川查办，端方知道此去凶险，所以向朝廷奏请，准许他带兵入川。获得准奏后，他率领湖北新军第十六协第三十一、三十二两标，乘坐"楚豫"号江轮溯流而上。就在端方入川的前四天，四川总督赵尔丰下令向聚集在总督署门前的请愿民众开枪，激起了多地烽火。端方一行在宜昌上岸时，遭遇炸弹袭击，随从护卫七人被炸死，端方性命无虞，却受了惊吓，心生退意，无奈朝廷催逼，他只得硬着头皮，继续向已是一片烽烟的巴蜀大地前行。

11 月 18 日，端方一行抵达资州（今四川资中）。一个多月前，武昌起义爆发，端方所带的两标新军，正是武昌城内的兄弟部队，潜伏其中的革命党人也不少。虽然端方严守武昌方面的消息，但毕竟纸包不住火。起义的消息传到资州，端方就捏不住手里的新军了。他想过逃跑，但人生地不熟，而且遍地狼烟，他这个朝廷命官，走到哪里都有动静，好像也不安全。正在犹豫之中，他就被新军抓了起来，与端方一起被抓的还有他的胞弟端锦。抓他们的是军官刘怡凤。端方看到新军们都剪了辫子，心里"咯噔"一下，知道性命难保了。他和胞弟被摁在四脚板凳上。端方对士兵说，他的先辈本是汉人，姓陶。他还说，他从自流井盐商那里借的银子马上就会运到，银子可以由士兵们全部拿走，但请放了他。士兵们不说话，闷声挥刀，砍了好几下，两颗血淋淋的人头滚落到了地上。

新军杀了端方，等于纳了投名状。端氏兄弟的头颅被装进了木匣子里，成了新军回武昌的通行证，一路畅行无阻。端氏兄弟的身体部分被草草葬在资州的狮子洞。首级被带至武昌，此时已经身为革命军湖北军政府都督的黎元洪看到了，让人暂存在武昌洪山宝通禅寺内，后来交给了端方的长子陶遗。

次年，端方的儿女亲家袁世凯当上了中华民国的大总统，才将端氏兄弟的身体和首级连接起来，予以厚葬。

→ 江山不幸诗家幸

惊涛三万里：第一批远赴重洋的留学生

1872 年 9 月 15 日的《纽约时报》上，有这样一则报道：

昨天到达这里的 30 名中国学生，他们都是很勤奋和优秀的淑女和绅士，容貌俊秀，要比任何在这之前到美国访问过的中国人都好看很多。有 3 名身为中国官员的教师陪同他们。朝廷拨出 100 万美元用于这些学生的教育。

需要勘误的是，30 名中国学生中，没有"淑女"，清一色的"绅士"，只是他们头上有辫子，身穿宽大的长袍，洋人眼一花，把纯爷们儿误作"淑女"了。

清朝第一批赴美留学生合影

留美学生组织的棒球队

在海上漂泊了一个多月，这群10至16岁的少年们终于抵岸。第一次踏上异国的土地，一切都那么新鲜，尤其是冒着滚滚浓烟、在望不到尽头的铁轨上轰隆而过的火车。他们恍惚间感觉到，故土和异国，除了在距离上相去甚远，还有一些更隐秘更深邃的差别，可是，产生差别的根源是什么，他们暂时说不上来——弄清楚这一点，是他们此行的目的。

30名少年中，有24人来自广东；24名广东少年中，有很多来自一个叫香山的县城。出洋留学、政府买单，这样的美事，竟然大多掉在了贫穷子弟的头上，真是奇怪。在这个以天朝自居的国度，除了自己的国人，普天下的其他人都是夷人，其他地方都是荒蛮之地。因为闭关锁国的政策，接收信息的渠道被阻塞了，外面的变化天翻地覆，天朝大国却充耳不闻。尽管洋人们早已用枪炮撬开了国门，见过"红毛"的人，也知道了"红毛"们的膝盖是会弯曲的（鸦片战争前，多数国人以为外国人的膝盖不会弯曲，还风传外国人日常主要吃干牛肉粉，没有中国的大黄和茶叶为之通便，就会胀死，就连以禁烟闻名的林则徐，都曾一度相信这些传闻），可是，天朝的观念依然根深蒂固。在国人的认知里，中国就是世界的中心，其他蛮夷之地自然是看不上的。民间还流传着各种关于西洋人的恐怖故事，说他们会把幼童活活剥皮，再把狗皮接种到幼童身上，当作怪物展览，以此牟利。（关于此传闻，台湾学者刘真在其主编的《留学教育》第一册中有记载。）所以，达官贵人们才不愿意把孩子送到犄角旮旯的地方去呢。更何况，所有留学生的家长，都被要求在一张写着"倘有疾病生死，各安天命"的证明上签字画押，好像签了卖身契，从此天涯相隔，再见无期。

对于30名少年来说，变化却是真切、巨大而深远的。漂洋过海所带来的，是人生走向的改变。而成就了这种改变的人，主要是曾国藩、李鸿章和容闳。

就在留学生远赴重洋的前一年，在帝都垂帘听政的西太后看到了一份特别的折子，折子上签了两个重臣的名字：曾国藩和李鸿章。他们在折子里权衡得失，条陈利害，写得有理有据，文采斐然。内容概括来说，就是：西洋人厉害，是因为他们技术先进，咱大清要想厉害，就得学习人家的先进技术。然后，他们提出了具体的行动方案：从各省挑选聪明的幼童，每年30名，四年共计120名，分批赴美留学，学期15年，学成后回国报效。这份奏折还进一步细化了留洋随员（包括管理留学生的正副委员、翻译）的俸银、路费、办公费用，留学生的所有费用一概由政府承担，还有衣物、伙食等津贴。

西太后把这份折子交给总理各国事务衙门（简称"总理衙门"）复议，总理衙门再与曾国藩、李鸿章商议修订，一个月后，折子再次递给了西太后，西太后批上了"依议，钦此"四个字。

早在十多年前，从美国耶鲁大学毕业的容闳就已经开始筹划派遣留学生的事情。容闳的好友丁日昌，当时任江苏巡抚，很支持这件事，本打算通过户部侍郎文祥转奏朝廷，可当时文祥正居丧在家（古时为官者，父母去世，需要退职回家，守孝三年），此事也被耽搁。直到1870年，容闳成了曾国藩身边的一名翻译随员，他再次说服丁日昌，再由丁日昌向曾国藩提出派遣留学生的事情。

1870 年的曾国藩已经 59 岁了，两年后，这位晚清中兴大臣在抑郁中病逝。他因为平定太平天国而获封一等毅勇侯的至高荣誉，官居一品，可是，在他心里，有一件事远比平乱更重要——让这个已经积弱不堪的国家重新富强起来。他和他的同党们实行的改革，后来被人们称作"洋务运动"。派遣留学生远赴重洋，师夷长技，是这个运动重要的组成部分。

为了疏通赴美留学的渠道，1871 年春天，美国公使路过天津时，李鸿章亲自与他商议派遣幼童赴美留学的事情，美国公使欣然应允。在此之前，中美两国已签署了《中美续增条约》（即《蒲安臣条约》），明文约定两国可以互派留学生，并且依照"最优国之人民一体优待"。

而此时，清廷的统治者们见识了洋枪洋炮的厉害，割地赔款，被迫开放通商口岸，受"红毛"的窝囊气；太平天国又闹得满国风雨。西太后隐隐感到权力的椅子坐得不踏实，动了思变之心。

在这些因素的共同作用下，派遣学生赴美留学得以实现。

容闳是幼童留美事件的实际负责人，一切都准备停当，轮船起航的那一刻，他站在船头，抑制不住兴奋之情。17 年前，他横渡太平洋，怀揣着报效国家的理想，回到祖辈们耕耘过的这片土地上。可是，容闳很快就发现一厢情愿的自己是多么可悲又可笑，祖国没有什么需要他去做的事情，他没有朋友，不受待见。一个接受了欧风美雨洗礼的青年，置身在长久以来闭关自守的封建国度里，他的孤独感该有多深！容闳在美国学到了数学、生理学、心理学、化学、

"留学生之父"容闳

哲学等，而当时的天朝仍然只读孔孟经书，相比之下，高低彰显。容闳在回忆录《西学东渐记》中写道："予之一身，既受此文明之教育，则当使后予之人，亦享此同等之利益，以西方之学术，灌输于中国，使中国日趋于文明富强之境。"这段话道出了容闳竭力促成赴美留学一事的初衷，也是当时精英知识分子的心声。好在，道路虽曲折，但结局遂了人意。

从1872年到1875年，120名幼童先后赴美。他们中，有22位考入了容闳的母校耶鲁大学，被誉为"中国铁路之父"的詹天佑就是其中的佼佼者。詹天佑入土木工程系，主修铁路工程。学成后回国，几经辗转，终于在1887年成为中国铁路公司的第一位工程师，1894年建成中国第一座铁路桥——滦河大桥；1909年，由他修筑的京张铁路竣工，时间比原计划提前两年，费用只有外商索价的五分之一；辛亥革命后，他又修建了从武昌至长沙的铁路。晚年致力于编写工程技术书籍，其中，《华英工程词汇》是我国最早的土木工程辞典。

唐绍仪也是120名幼童中的一位。他考入哥伦比亚大学，1881年归国，1901年出任天津海关道，从八国联军手中接收被占的天津；1904年挫败了英国分裂西藏的阴谋；他还是近代第一位致力于收回中国海关控制权的人。辛亥年的枪炮喧嚣之后，他得到革命党人和袁世凯的一致推举，出任民国第一任内阁总理，为民主共和事业劳心出力。

在回国的留美学生中，曹嘉祥出任天津巡警道，是中国新式警察制度的建立者之一；梁敦彦当过驻外大使、交通总长；钟文跃是沪杭甬铁路总局局长；刘玉麟当过驻英美使节。根据当代学者的统计，留美学生在不同的领域担任着重要的职务，在铁路部门工作的16人，有5人是铁路局长；从事矿务的有10人；从事外交和行政的有21人，其中领事、代办以上的外交官 12 人，公使 2 人，外交总长 1 人，内阁总理 1 人；从事海军者 20 人，海军将领 14 人；从事教育、新闻和法律工作者 5 人；从事电报工作者 17 人，其中 3 人任过电信局长；从事商业者 7 人；从医者 3 人。

留美学生对中国教育事业的发展功不可没。在留美学生中，唐国安出任清华学校（今清华大学）第一任校长，梁如浩任唐山路矿学堂（今西南交通大学）校长，蔡绍基任北洋大学（今天津大学）校长。在他们的推动下，西方的教育制度和新兴学科被移植到国内，生根发芽，使更多的国人接受新思想，知道了四书五经之外还有数理生化，君君臣臣之外还有"德先生"（民主）和"赛先生"（科学）。"幼童留美"之后，数以万计的人走出了国门，并最终成为中国变革图强过程中一股重要的力量。

1878 年，清廷计划把留美学生送入军事学院和海军学院，被美国政府拒绝了，而与中国一衣带水的日本却拥有这个资格。李鸿章得知，一声叹息，他促成幼童留美一事的实际目的落空了，原本是希望在这批学生中选拔海陆军事人才的。此时，与他联名上呈奏折的曾国藩已在六年前病逝。一年后，美国国会通过《排华法案》，排华风潮愈演愈烈。

吃面包、牛肉和奶酪的留学生们，很快就适应了当地的生活，而且从作风到思想都在逐步被"美国化"着——他们剪了辫子，穿上西装，还对白皮肤、蓝眼睛的美国姑娘心生爱慕之情，有人还信仰了基督教。这些变化，在清廷的守旧派眼里是不能容忍的。当时负责留学事务的翰林陈兰彬（陈兰彬担任留学事务局正委员，容闳为副委员）多次上奏李鸿章，要求全部撤回留学生，而开明的容闳坚决反对。西太后和光绪皇帝也要求整顿留学事务局，对留学生严加管教。李鸿章不愿看到留学事业早天，又迫于压力，最终采取了一个"半留半撤"的折中方案——已入大学的学生不撤回，留下继续完成未竟学业，有望成才的聪明学生"酌留若干"，其余的"逐渐"撤回。当时，已有过半的留学生进入大学，又因为"酌留若干"四字，撤回的学生寥寥。

可是，清廷内部的守旧派不依不饶，总理衙门向西太后上了一封"奏请将出洋学生一律调回"的折子，在排华风潮、财政拮据、守旧势力围攻的共同作用下，西太后批复"依议，钦此"。

和当年批准幼童留美的折子一模一样。

陈独秀：在黑夜里燃灯

在上海昌寿里一间偏僻的小阁楼中，蜗居着两个20多岁的青年。他们足不出户、夜以继日地伏在桌子前。吃饭和睡觉完全没有规律，头发乱糟糟的，脸也懒得洗。他们没有多余的衣服可以替换，所以也不怎么洗衣服，身上的味道估计不好闻。有一天早晨，其中一位名叫章士钊的青年，看到同伴陈庆同的黑色衣服上密密麻麻布满了白色小虫。

章士钊惊呼："这是什么东西？"

陈庆同看了看自己的衣服，淡定地说："是虱子。"

章士钊写下这些往事的时候，已是耄耋老人。其时，他身为共和国中央文史研究馆馆长。老人回忆起当年的峥嵘岁月，感怀之情溢于纸笔。

1903年的神州，当家做主的是一小撮满族亲贵。彼时的大清王朝，风雨飘摇，积贫积弱，内外交困。青年章士钊和他的好友陈庆同整日待在阁楼里，正筹办一份报纸：《国民日日报》。

这份报纸出版发行后，竟风行一时，被称为"《苏报》第二"——别以为这是什么好事。《苏报》可是有名的"反动"报刊，因刊载邹容的《革命军》而遭清廷查禁。《苏报》的参与者章炳麟和邹容被判入狱。年仅20岁的邹容罹难狱中，不足两万字的《革命军》在他去世之后愈加风靡，叱咤思想界，唤起英雄四起，挽救风雨如晦的多难之邦。

《苏报》公然宣扬革命思想，清廷恨得牙痒痒，所以，被称为"《苏报》第二"的《国民日日报》当然不受待见。当政者以"昌言无忌""耸人视听""扰害大局"等罪名封杀之，严禁售阅。日报苦撑一年，难以为继，遂停刊。

蜗居在阁楼里的两位青年，只得道一声珍重，各奔东西。章士钊随黄兴奔赴长沙筹建华兴会，陈庆同潜回故乡安徽安庆。之所以说潜回，因为他是清廷的通缉犯。

陈庆同，字仲甫。2岁丧父，17岁中秀才，过继给叔父陈衍庶。叔父24岁中举，官场得意，历任知县、知州、知府，直至东北道员。道员是正四品衔的朝廷命官。陈道员没有子嗣，所以，他将小侄儿陈庆同视为己出。

陈庆同也算官家子弟了，但他是一个另类。22岁东渡日本的陈庆同，结识了章士钊、邹容、张继等有志才俊。他加入

陈独秀

了留学生政治团体励志会，阅读《译书汇编》——这是一本以刊载政论文章为主的半月刊，编译欧美及日本的政治学说，如孟德斯鸠的《万法精理》、卢梭的《社会契约论》（又译《民约论》）、斯宾塞的《政治

150

哲学》、加藤弘之的《物竞论》等。这些文章所颂扬的"天赋人权""自由平等"思想，哪能在四书五经里读到！这个身高不足一米六五的青年，脑袋被新思想浇了个透。

在日本短暂逗留数月，他就回到安庆，成立青年励志社，开设书报室，陈列的当然是进步刊物；他发起"演说会"，公然宣传民主政治思想。他就是这么一个坐而言起而行的青年！

如此高调，必招惹事端。朝廷很快就盯上了这个"异端"青年，一纸批捕他的电报传到了安庆，幸亏励志社的社员及早通报于他，他才得以脱险。他不得不再渡日本。

这一次，他报考了日本士官预备学校。没想到的是，立志从军的陈庆同半年之后竟被日本政府驱逐出境。原来，这个性格叛逆的青年，竟与他的好友张继、邹容，剪了清廷驻日学监（负责管理留学生的官员）的辫子，还在留学生会馆悬挂示众。被遣返回国的陈庆同在故乡安庆成立爱国学社，宣扬革命思想，又遭到清廷通缉。在故乡难以立足，他逃到上海，与老朋友章士钊躲进阁楼里筹办《国民日日报》。

《国民日日报》夭折，再次潜回安庆的陈庆同闲不住，与朋友们创办了半月刊《安徽俗话报》。他对朋友们说："大家被蒙在鼓里，不知道外面发生的事情，我们合力办一份白话报，让大家通晓时事，增长见识。"

很快，一份 32 开、40 页，内容涉及时事、历史、地理、教育、实业、文艺等的刊物编辑完成。由于当时的安庆没有印刷厂，陈庆同就请章士钊在上海联系付印。印毕，再运回芜湖，由他的好友兼这份报纸的支持者汪孟邹代销。汪孟邹在芜湖创立了科学图书社，主要销售新书新刊。

没过多久，与陈庆同一起创刊的好友陆续另谋出路。他独自来到位于芜湖长街的科学图书社，向汪孟邹借了逼仄的二楼，继续编白话报。

汪孟邹说："我这里每天只有两顿稀粥。"

陈庆同回答："就吃两顿稀粥。"

白话报就是在这样的情况下，由陈庆同一人张罗了起来。前前后后，共出版 20 多期。鼎盛的时候，订阅者达 3000 人。陈庆同以"三爱"的笔名撰写文章。这份刊物不仅宣扬新思想，而且喊出了提倡白话文的先声。

辛亥年，武昌枪响，起义一举成功。身为老资格的革命党，陈庆同被任命为安徽省都督府的秘书长和高级顾问。不久，孙中山领导的"二次革命"爆发，旋即被袁世凯的政府军弹压。袁世凯新任命的安徽省都督走马上任，陈庆同只能默默退出。

1914 年 5 月，一份名为《甲寅》的期刊在日本东京出版。1914 年是农历甲寅年，甲寅年也是虎年，所以这份期刊的封面绘了一只老虎。主编为"孤桐"，主要撰稿人笔名为"独秀山民"——他们正是当年蜗居在上海逼仄阁楼里办《国民日日报》的章士钊和陈庆同。

编辑《甲寅》杂志，陈独秀是章士钊的副手，不过，这位副手的雄心着实不小。他说："欲使共和名副其实，必须改变人的思想，要改变思想，须办杂志。"显然，他是想借办杂志来挽救泱泱中华！《甲寅》杂志常与当时的袁世凯政府唱反调，理所当然地遭到查禁。

次年 9 月，由陈独秀主编的《青年杂志》在上海出版发行。这是一份集政治、思想、文化、革命、启蒙于一体的综合刊物。第一卷第一号，共刊载 27 篇文章，陈独秀一人就撰写了 13 篇。杂志发行后，基督教上海青年会负责人找到陈独秀，来由是：他们主办了一份名为《上海青年》的周刊，而《青年杂志》有混名的嫌疑。于是，陈独秀在第二卷第一号将杂志更名为《新青年》。

为了扩大《新青年》杂志的影响力，陈独秀北上京城，不想竟被北大校长蔡元培堵在了旅馆。蔡元培和陈独秀曾一起在上海参加过暗杀团，研制炸弹，试图暗杀清廷命官。蔡元培接手北大，整饬经纬，求贤若渴。这次，他力邀陈独秀担任文科学长（相当于文学院院长），并许诺可以将《新青年》带到北京。

这一年，陈独秀38岁，他和他的《新青年》一起，入驻北大。紧接着，胡适、周树人、周作人、钱玄同、刘半农、沈尹默、李大钊等文化精英加盟《新青年》编辑部，大家轮流担任主编。群星拱月，终于成就了《新青年》这个思想和文化的号角。1918年，刚满4岁的《新青年》改为白话文，使用新式标点。自此，掀起了轰轰烈烈的白话文运动。

《新青年》杂志创刊号

《新青年》的横空出世，犹如一道耀目的闪电，在混沌、晦暗的神州大地撕开血口，开启民智，成了一代青年的思想圣经。且看看下面这些重量级的文章：

胡适发表《文学改良刍议》，推广白话文，推动文学改革；

周树人发表了第一篇白话小说《狂人日记》，揭露封建礼教对人性的荼毒；

周作人发表《人的文学》，提出个性解放的要求，肯定了人道主义；

陈独秀发表《本志罪案之答辩书》，打出了科学与民主两面大旗；

李大钊发表《庶民的胜利》《布尔什维克的胜利》，传播马克思主义思想；

《新青年》刊载《中华女界联合会改造宣言》，喊出女性解放的声音；

……

哪一篇不是平地起惊雷，响彻思想界？怀揣理想的青年群起响应，终掀起新文化运动之大潮。

如今，上海南昌路 100 弄 2 号的石库门，就是当年陈独秀的居住地兼《新青年》杂志编辑部。逼仄的弄堂，昏暗的楼道，局促的房间，一切俨然旧时模样。隔着遥远的时空，仿佛能看到穿着旧衣衫的陈独秀，坐在阴暗的房间里，埋首案前。在风雨如晦的时代，他点燃了一盏思想之灯，照着后来者们，在历史的暗道里摸索前行。

盗火者：作为翻译家的鲁迅

辛亥年的枪声虽然响得急促，却不激烈，也没持续太久。在零散的枪炮声中，已过而立之年的周树人，正张罗着换一份工作。他打算去上海当编译员，这个想法已经在脑海盘旋许久了。他托好朋友介绍，给一家出版机构写信，说明了应聘之意。不久，他就收到回信，信中附一页德文，让他翻译。当周树人把工工整整抄写好的译文寄出之后，他的心里是忐忑的。若能如愿当上编译员，每月可有 100 多元的丰厚收入。

在周树人焦虑地等待结果的时候，邮差送来了另一封信，寄信人是他的好友许寿裳。当时，起义的枪炮声稍有停息，各省纷纷宣布独立。很快，南京临时政府成立，蔡元培被任命为教育总长，中华民国教育部仓促成立。草创之初，正是用人之时。许寿裳应蔡总长之邀，成了他的同僚。许寿裳又向蔡元培推荐周树人。蔡元培久闻周氏的才干，就授意许寿裳，写信邀请周树人来教育部任职。在公务员和编译员之间，周树人选择了前者。他立即动身前往南京。至于编译员的应聘结果，也就没有再理会了。南北议和成功，袁世凯代替孙中山成为民国大总统，教育部迁往北京，周树人也随部北上。此后，在中华民国的教育部，从科长到佥事（相当于司长助理，地位略高于科长），周树人做了14年的公务员。

虽然想当编译员的周树人最终当了公务员，但是，终其一生，他都不曾停止过译介外国书籍的工作。在他留下的600多万字的作品中，有一半多是翻译作品。这些作品涉及14个国家近百位作者的200多种作品。翻译耗费了他大量的时间和精力，直至他的创作后期，他依然笔耕不辍，一年有两三本译作，而杂文只有一本。去世前，他还在翻译俄国作家果戈理的《死魂灵》，并为年轻翻译者的译著作序。

周树人后来以"鲁迅"的笔名发表了《狂人日记》，这篇文章被誉为近代白话文小说的奠基之作，为他赢得赫赫声名。果戈理也有一篇同名小说。显然，周树人的文学创作深受其翻译事业的影响。他翻译日本作家夏目漱石回忆老师的文章，于是有了他的《藤野先生》；他翻译荷兰作家 F. 望·蔼覃的童话《小约翰》，于是有了他的《从百草园到三味书屋》，甚至可以说，《小约翰》催生了他的散文集《朝花夕拾》。

在周树人自己看来，他的文学创作几乎只能算副业，而通过译介外国作品来改造中国社会才是他致力一生的事业。周树人后来回忆，在北京的教育部当公务员的时候，他住在绍兴会馆，孤寂又无聊，欲写论文，却没有参考书；要翻译，却没有底本；只好信笔游来，写写小说，这才有了《狂人日记》。

瑞典学者曾准备提名鲁迅为诺贝尔文学奖候选人，他谢绝说："世界上比我好的作家何限，他们得不到，你看我译的那本《小约翰》，我哪里做得出来，然而这作者就没有得到。"他更看中自己在翻译方面的成绩。在他们那一代学人眼里，治学与作文的首要目的是思想启蒙、理念传播，而译介外国出版物是最切实的捷径。

周树人早在日本留学时就开始尝试编译外文。他最初选择的编译对象，有法国作家儒勒·凡尔纳的科幻小说《月界旅行》《地底旅行》。说起来，他也算科幻小说翻译的鼻祖级人物了。当时的中国，虽说已经废除八股，新式学堂在各地破土而出，但民众对于科学的认识依然寥寥。周树人希望通过编译科幻小说，引起国人对科学的兴趣，普及科学常识。他还应好友许寿裳之邀，为《浙江潮》杂志撰文，编译了一篇《说鈤》(鈤：化学元素"镭"的旧译)，此文是名副其实的科学译文，介绍居里夫妇发现的新元素"镭"。当时，留学生们普遍认为中国之弱，在于无科学。周树人热衷于译介科学文章，是希望借此达成振国兴邦的目的。

追溯起来，周树人的翻译基础是在他就读江南矿路学堂时打下的。家道中落的周树人，没有像那时的大多数读书人一样选择科举从政的道路，而是去了洋务派新办的江南水师学堂，数月后转到江南矿路学堂。在那里，他学到了矿物学和其他的科学知识，还有德语。这些都是传统教育中没有的。年轻的周树人与外国文化在此地相遇，从此结下了不能分割的缘分。周树人以一等第三名的成绩从矿路学堂毕业，赢得官费留学日本的机会。他后来从事翻译工作，凭的就是德语和日语。一些东欧国家的书籍，正是通过这两种语言转译的。

1909 年，周树人与其弟周作人一起编译并出版了《域外小说集》两册。收录短篇小说 16 篇，译文都是文言，作者多出自俄国和东欧的弱小国家。所选的小说，书写的都是底层民众的痛感，透着悲苦和苍凉。这与周氏兄弟后来的作品意蕴如出一辙。周氏兄弟攒够了钱，在日本东京把书印刷出来，然后放在上海和东京两地代售。为了推介这本译作，周树人还撰写了广告，刊登在当时的《时报》和《神州日报》上。只是，这两本书销路惨淡，每本才卖出20来册。当时的畅销书排行榜，榜上有名

周作人

的是侦探小说、社会小说和言情小说，周氏兄弟所选的作品与流行口味不合拍，销量惨淡也在情理之中。后来某杂志选载了书中的一篇文章，编辑为引起读者的阅读兴趣，竟把文章标示为"滑稽小说"。周树人因此感觉到启蒙的艰难和孤寂，一腔热情被现实的冷水泼得冰凉。

其实，代售处的选择不当也是导致这两册书销路糟糕的重要原因。书籍的代售处通常是书局和书庄，那里专营图书销售，读者往来多，交易便捷，而周氏兄弟选择的代售处是上海后马路乾记弄广昌隆绸庄，这里不是专门销售书籍的地方，读者不会特意去绸庄购书。另外，周树人的售书广告也写得不那么像广告，缺乏煽动性和营销性，内容提要语焉不详，引不起读者的购买冲动。

周氏兄弟原打算卖完两册书，收回本钱，继续出版第三册、第四册，直至第N册，奈何销量惨淡，无以为继，只得作罢。在上海代售的书埋没在仓库，无人问津，最后竟在一场火灾中化为了灰烬。与书一起消灭的，还有周氏兄弟救亡图存的热情和"梦幻似的无用的劳力"（语出《域外小说集》的序）。

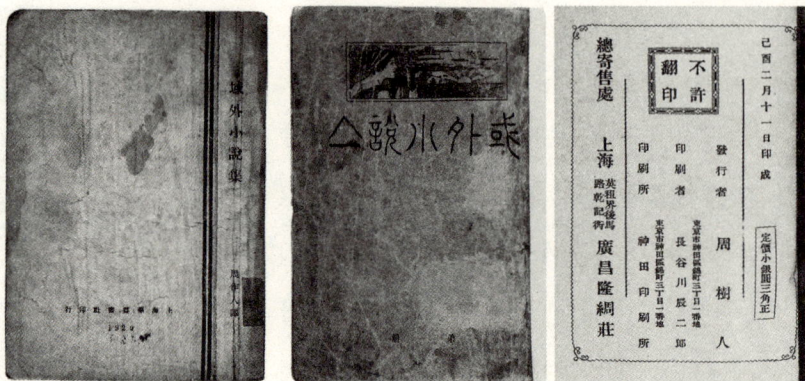

《域外小说集》

　　身为民国教育部公务员的周树人，曾希望借助行政力量来繁荣翻译事业。他在给教育部领导的呈文《拟播布美术意见书》中，提议选取"域外著名图籍若干，译为华文，布之国内"。在教育部任职期间，周树人见到周瘦鹃编译的《欧美名家短篇小说丛刻》一书，很是欣喜。该书所选的文章，有若干篇来自北欧和东欧的弱小国家，他仿佛看见当年自己与弟弟编译的《域外小说集》的影子，于是在审查意见中给予了很高的评价。

　　近代中国，有意识地翻译外文书籍，始于晚清的洋务派。务实的洋务大员们（奕䜣、曾国藩、李鸿章等）在北京开设同文馆、在上海成立江南制造局翻译馆，批量译介西书，译介的重点在军事、技术、自然科学等领域，涉及矿物学、物理学、化学、农学、医学、数学、轮船制造、大炮制造等。在这两个机构供职的翻译者，是科技型知识人才，其中的佼佼者有数学家李善兰、化学家徐寿、地理学家李凤苞、医学家赵元益等。他们的翻译目的很明确，就是为洋务运动提供知识支持。

　　维新派人物更看重译介西书之事。其代表人物梁启超就曾说过："今不速译书，则所谓变法者，尽成空言。"维新派认识到，欲改革政体，必先在思想层面启蒙民众，而启蒙的便捷之道，就是直接把国外现成的思想"拿来"。事情落到实处，也就是翻译西书。梁氏创办大同译书局，与他的同人们竭力推动翻译西书之事。他们译书的目的是思想启蒙，所以内容大多选择社会科学。其中，严复所翻译的《天演论》，将"物竞天择，适者生存"的进化论思想引入中国，在当时思想界的影响力犹如平地惊雷。年轻的周树人就很爱读这本书，对其中的一些章节都能背诵，足见该书对其思想的影响之大。

梁启超还认识到，民众喜欢读小说，如果在小说中植入新思想，春风化雨，润物无声，可以收到奇效。于是，他号召同人们翻译政治小说，还亲自操刀译了一篇。因为梁氏的不遗余力，越来越多的外国小说被翻译出版，滋养了大批的知识分子；因为梁氏的首开风气，才出现林纾这样的翻译大家。周树人的翻译工作，与洋务派、维新派的努力一脉相承。

周树人生前翻译的最后一部作品，是俄国作家果戈理的遗著《死魂灵》，果戈理其实没写完这本书。此时的周树人，早已驰名文坛，他以"鲁迅"为笔名，写下了大量小说、随笔和杂文。人们读了他的文字，说他冷峻，说他犀利，说他阴郁，说他温暖，这些也许都不是他，也许又都是他——多面和复杂，不正是人性的本来样子吗？鲁迅被神化了，可是，神化了的鲁迅显得有距离感，还是还原他的本来面目吧！鲁迅一生看重翻译的作用，视之为改造中国社会的利器，而且身体力行，翻译了大量的作品，译著量更超创作。如今的人们，阅读鲁迅，却不再读他翻译的作品了。鲁迅曾希望自己是中间物，介于合格和优秀之间，起一点推动作用——他也许如愿以偿了。还没把果戈理的遗著翻译完，他就去世了，留下一部"残译"，等待后来者完成这未竟的事业。

西学专斋：热衷教育的外国传教士

谢福芸是英国人 Dorothea Hosie 的中文名。她生于中国，在浙江温州度过了还算美好的童年。长大后的她成了一名作家，写过多本与中国有关的书。他的父亲苏慧廉（William Edward Soothill，1861—1935）是赴华传教士、牛津汉学家。

谢福芸在她 51 岁时回访中国，来到山西太原的山西大学。当时，任山西大学校长的是王录勋，为了去车站迎接谢女士，他特意从省政府借来一辆福特汽车。那是 1936 年，在地处偏远的山西，一辆福特汽车比如今的私人飞机还稀罕。掌管山西军政大权的阎锡山抽空会见了谢福芸。她之所以受到这么高的礼遇，就是因为：苏慧廉是她的父亲。

1907 年 7 月，苏慧廉偕妻子苏路熙（Lucy Soothill）从温州抵达山西省太原府，正式履任山西大学堂西学专斋的总教习。在此之前，他们一直在温州从事传教工作。他受到另一位英国人的邀请才来到太原，这

穿中国服装的苏慧廉

晚年苏慧廉

位英国人就是西学专斋的创建者李提摩太。苏慧廉在 1911 年 7 月离开了山西大学堂，从此再没回来。他是在女儿回访中国前一年去世的，享年 74 岁。

在山西大学，王录勋校长领着谢福芸，来到一个刚刚落成的大厅内。大厅两侧树立着崭新、高大的黄铜板。谢福芸在左侧（中国素有以左为贵的传统）的铜板上看到了她父亲的名字：苏慧廉。镌刻在上的名字还有苏慧廉的同事，他们是英国籍和中国籍的教职员。此外，铜板上还镌刻着另外一群人的姓名，他们是 1900 年那一场惊天血案中的死难者。

庚子年，义和团运动风起云涌，清廷上下弥漫着浓烈的排外情绪，慈禧太后向山西巡抚毓贤下达了杀绝洋人的密令。一场残酷的屠杀拉开了序幕。仅在 7 月 9 日这一天，太原府衙门边的街道上，就有 55 名外国人惨遭斩首，其中包括好几个孩子。直到傍晚，血腥的屠杀才结束，来不及移走的尸首被弃置在原地，死者的细软被洗劫一空。凝固在地上的暗红血迹与残阳相映，惨烈而沉寂。

中国很快就为这次屠杀付出了更惨痛的代价。八国联军用枪炮击碎了清帝国的大门，然后长驱直入，直抵京城，慈禧太后偕光绪帝仓皇奔逃，帝国的颜面被无情拂落，泱泱大国的尊严扫地，骨子里的孱弱也暴露无遗。清廷意识到，这一次，洋人很生气，后果很严重。在两宫西逃之前，李鸿章就被紧急召唤，委以直隶总督兼议和全权代表之职，进京议和，收拾残局。

1901 年春，八国联军兵分三路，直指娘子关、龙泉关、平型关，这些都是进入山西的重要关隘。为了尽快与联军议和，避免战火烧入山西境内，李鸿章想到了英国人李提摩太。这位大胡子洋人曾在山西从事传教、赈灾等活动，时间长达十多年。

李提摩太（Timothy Richard，1845—1919），出生在英国威尔士南部的一个普通农民家庭。他自小信仰基督教，成年后热衷于海外传教事业。他从神学院毕业，受浸礼会（基督教新教宗派之一）委派，于1870年来到中国，起初在山东烟台、青州两地传教。六年后，山西大旱，他入晋赈灾。他的善举赢得了山西百姓和官绅的普遍好感。

李提摩太

李提摩太与中国的渊源远不止于传教和赈灾。他在1890年赴天津，担任《时报》主笔。一年后，他来到上海，接任广学会总办，主持《万国公报》。这份报纸是美国传教士林乐知（Young John Allen，1836—1907）在1868年9月创办的，原名《教会新报》，后更名，内容也逐步演变为非宗教性质，以介绍西方新思想为主，受到中国知识界的欢迎，成为中国人了解世界的重要窗口，清廷的政要和普通读书人都是它的读者。康有为、梁启超曾借用"万国公报"这个名字出版报纸，宣传他们的思想。《万国公报》对晚清乃至民国的影响巨大而深远，被时人誉为"西学新知之总荟"。该报最高发行量高达5万多份——这简直是天文数字，要知道，《新青年》杂志在炙手可热的时候，发行量也没有突破2万。中国人通过它，第一次知道了马克思、《资本论》和社会主义。除此之外，李提摩太还翻译出版了书籍130余种，小册子1000余种。其中，《泰西新史揽要》一书介绍了19世纪欧美各国变法图强的历史，出版后成为超级畅销书，总计发行3万多册。据说，在戊戌年间，这本书被光绪帝作为重要的参考书。

李提摩太出面斡旋，获得中外双方的首肯。他没有令众人失望。

1901 年 5 月底，他将一篇题为"上李傅相办理山西教案章程"的文章呈送到李鸿章面前。这份解决方案没有坚持"以牙还牙、以血还血"，而是主张从宽追究，只惩办匪首，不牵连无辜百姓。李提摩太认为，虽然很多百姓参与了迫害传教士与教民，但他们是受到官员指使和拳匪迷惑的。百姓轻易被别人利用，是因为他们愚昧无知，所以，为了杜绝此类悲剧重演，应该兴办教育，开化民智。因此，他在这份章程的第三条陈述了筹建一所西式大学的建议：

> 共罚全省银五十万两，每年交出银五万两，以十年为限。但此罚款不归西人，亦不归教民，专为开导晋省人民知识，设立学堂，教育有用之学，使官绅庶子学习，不再受迷惑。选中西有学问者各一人总管其事。

这份山西教案的解决方案总计七条，措辞谦逊，字里行间处处体现了李提摩太的善意和爱心，李鸿章读后，极表赞同，据说，他只改动了一个字。李鸿章将开办大学之事全权委托给李提摩太。当年十月，接替毓贤担任山西巡抚的岑春煊派周之镶赴上海，与李提摩太商议开办大学的具体事宜。经过一个月的协商，周之镶代表山西省，与李提摩太达成一致：山西省筹银五十万两，分十年交付李提摩太，由李提摩太主持开办"中西大学堂"，在十年任期内，学堂课程设置、聘请教习、选拔学生等事务均由李提摩太全权负责，十年期满后，学堂资产与主权一概移交中方。周之镶与李提摩太郑重地签署了合同。

不过，事情并没有像李提摩太预想的那样顺利。当他带领中外教习一路风尘从上海抵达太原之后，惊讶地发现一所名为"山西大学堂"的官立大学已经筹建完备，再过几天就可以正式开学了。这所大学与李提摩太拟办的"中西大学堂"仅一字之差，是岑春煊在晋阳书院和令德书院的基础上改造而成的。山西大学堂的筹建工作快速而低调，身在上海的李提摩太完全不知情。

李提摩太意识到情况不妙。在一座城市开设两所大学，不仅耗费资源，而且极可能因恶性竞争而损害中外和睦——这一点与创建中西大学堂的初衷完全相悖。于是，李提摩太主动与岑春煊协商，建议将山西大学堂与他拟办的中西大学堂合并。岑春煊在确定教育自主权不会旁落，也没有传教嫌疑之后，同意合并，合并后沿用山西大学堂的校名，分设中学专斋和西学专斋。李提摩太拟办的中西大学堂变成了西学专斋，缩水为山西大学堂的一部分。

在山西教案中死去的传教士和教民，用他们的血换来了西学专斋的成立。谢福芸回访山西大学，看到死难者获得了应有的尊重，他们的姓名被镌刻在铜板上，向后人述说着这所大学的历史。谢福芸感到宽慰。

西学专斋第一任总教习是英国传教士敦崇礼（Moir Dunkan，1861—1906）。李提摩太虽然自任督办，但他在上海主持广学会，没有太多时间和精力参与日常校务。

西学专斋分预科、专科两个阶段。预科学制三年，相当于如今的高中；专科学制四年，相当于现在的大学本科。学科设置为五门：文学、法律、格致学、工程学、医学。课程有文史、地理、政治、算术、物理、化学、矿路、地质等。值得一提的是，西学专斋根据山西作为资源大省的特点，针对性地设置了工程、路矿、地质等课程。此外，西学专斋还有体操、网球、足球等活动，这些在当时极其新颖的活动让中学专斋的同学们羡慕不已。

敦崇礼在管理西学专斋期间尽心竭力，卓有建树，赢得了师生们的爱戴。不幸的是，他英年早逝，年仅45岁。依照逝者生前的意愿，遗体被安葬在风景秀美的乌金山。生前，他曾在这里疗养。他的同事们在墓地上立了一座欧式纪念碑。这位踏足远行的英国人，永远地留在了异乡。清廷为了表彰他为中国教育事业做出的贡献，在他去世后追赏一品顶戴。

接替敦崇礼担任西学专斋总教习的是苏慧廉。在任期间，他意识到中国学科建设基础薄弱，尤其是专业术语混乱，每位翻译者都不得不自己生造词汇。为了统一专业术语，他在拜访学部左侍郎严修时，极力游说。1909年9月，学部成立编订名词馆，负责编纂和统一各个新学科的名词、普及新式教育、发展新学术。因编译《天演论》而闻名的严复被任命为总编辑，刚过而立之年的王国维出任协修。

光阴荏苒，时间很快走到了1910年底，此时，距离周之镶与李提摩太在合同上各自签下自己的姓名，已经过去了九年。12月中旬，李提摩太再次来到太原府。新任山西巡抚丁宝铨率领官员和师生，在山西大学堂为李提摩太举办了热烈的欢迎仪式。李提摩太决定提前一年辞去

西学专斋教学楼

西学专斋督办职务，将管理权移交中方。他的唯一希望就是西学专斋的教职员能够继续得到聘用。丁宝铨答应了他的请求。

苏慧廉在 1911 年 7 月离开太原府，走后没多久，武昌起义爆发，山西新军在阎锡山的率领下，响应了起义。民国元年，山西大学堂改名为山西大学校，西学专斋被废除。

十年间，从西学专斋毕业的学生总计 363 人，其中预科 313 人，专科 50 人，派出 36 人赴英国留学。这些留学生取得硕士或博士学位后归国。接待谢福芸的山西大学校长王录勋就是其中之一。

蔡元培：一只空墨水瓶引发的学界风潮

1902 年 11 月某日下午，在南洋公学的校园内，一位名叫郭镇瀛的教员正走向中院五班。郭先生教国文，讲稿底本是清廷官修史书《大清会典》和魏源所著的《圣武记》。这两本书内容陈旧，枯燥乏味；这位郭先生偏偏又思想保守、言行迂腐，所以，他很不受学生们的欢迎。

南洋公学是交通大学（上海交通大学、西安交通大学）的前身，由洋务派大员盛宣怀一手创办，设师范院、外院、中院、上院。南洋公学虽为新式学堂，实际上没有脱离旧学窠臼，教学内容以经史为主；旧习俗和仪式一个也没有少，碰上为官者还得行跪拜之礼；新式书报、杂志一律被拒之门外，就连改良派梁启超所办的《新民丛报》也被禁止阅读。南洋公学的教师中既有热衷新学之人，又不乏守旧派。郭先生属于后者。

当郭先生像往常一样走进五班的教室之后，他发现自己要坐的椅子上摆着一只空墨水瓶。郭先生虽然守旧，但脑瓜倒是挺灵活，稍一思忖，就明白这是讥讽他胸无点墨！他当场就大发雷霆。气急败坏的他追问肇事者，却问不出结果，盛怒之下，竟将座位离他最近的三名"嫌疑犯"开除，其他学生也因为"知情不报"而受记过处分。

中院五班的学生对这个粗鲁而草率的处理结果很不满意，群情激愤之下，集体到学校的总办所（相当于校长室）申诉，要求撤销处分，但遭到总办汪凤藻的拒绝。五班学生决定集体退学，以示抗议。离校前，五班学生到其他班级发表演说，言辞激昂，声泪俱下，得到广泛同情。没想到，就在第二天，校方竟然以"聚众要挟、不守堂章"为由，宣布开除五班全体学生。

校方这一行为引起全校学生哗然，其他各班200多名学生齐聚总办所求情，总办先是拒不接见，后迫于声势浩大，勉强接见了各班的代表，但拒绝收回成命。愤怒的代表们转而求见督办盛宣怀。盛宣怀以"丁忧"为理由，也没有接见学生。

当时，蔡元培正担任南洋公学的特班总教习。特班是为经济特科（这里的经济，是经世济民的意思）考试而专门设立的。1900年庚子之乱，八国联军端着洋枪打进了京城，西太后一路奔逃，狼狈不堪，途中幡然悔悟，终于下定了兴办新政的决心。办新政就需要精通新学的人才，而原有的科举选拔制度难以满足朝廷对人才的需求，清廷于是转而以经济特科考试来补充。南洋公学特班的学生都是经过严格选拔的才俊，大多是秀才或举人，岁数也偏大。

学生和校方闹得不可开交，蔡元培从中斡旋，没有结果，竟愤而辞职，与学生一起离开了学校——这是史无前例的震撼事件。与蔡元培一起离校的还有支持他的特班高才生们，其中就有邵力子、黄炎培等人。后来，在校方的劝解下，有部分学生选择了回校，实际退学者为145

人，他们大多留在了上海。

蔡元培对退学的学生们说："大家不要散，我们自己组织一个学校。"

说说容易，做起来何其艰难！办学少不了资金。蔡元培东奔西跑、四处筹款，终于凑了一笔钱，租下位于静安寺路福源里的两幢旧房子。房子上下三层，底层用做中国教育会的办公场地（教育会是由蔡元培发起的教育团体，旨在以教育开启民智，传播新思想）；二楼用于上课；三楼为住宿区。经过一番辛苦的张罗，学校总算组织了起来。福源里旧房子的门楣上，挂起了"爱国学社"的牌子。

爱国学社的主要经费，是一位名为罗迦陵的女士所捐。罗迦陵是犹太裔富商哈同的华籍妻子。她信仰佛教，很是虔诚，拜僧人黄宗仰为师。黄宗仰别号乌目山僧，是一位热心于时事的和尚，身在佛门，却心怀济世之志。黄宗仰就是中国教育会的发起人之一，与蔡元培、章炳麟相交甚笃。他还是一位建筑设计师，罗迦陵的私人花园——爱俪园就是由他设计。该园占地三百亩，园内亭台楼阁、假山湖沼一应俱全，豪华非凡。黄宗仰依凭与罗迦陵女士的关系，向她筹得一万元，这笔钱供爱

爱国学社

国学社维持了很长一段时间。

有了资金，租了场地，总算可以开学了。在开学典礼上，蔡元培自任学社总理，吴稚晖为学监。蔡元培、吴稚晖、章炳麟、黄炎培、蒋维乔等人义务执教。爱国学社设寻常学级和高等学级，各学两年。有时候，高等学级的学生也充当寻常学级的老师。学社的课程有算学、物理、化学、伦理、国文、日文、英文、逻辑、心理、法理、政治、经济、体操等。学社实行学生自治，学生享有充分的权利和高度的自由。学社由学生自主设立评议会，监督校务和学生操行。

蔡元培（中坐者）率中国教育代表团到檀香山出席太平洋各国教育会议

爱国学社的教学风气非常自由。蔡元培讲授伦理学，提倡民权、女权，公开宣传革命；吴稚晖教国文，用的课本是严复所翻译的《天演论》；蒋维乔讲授教育和哲学课程；英文用《真公民》做课本；章炳麟讲课的时候，基本不用讲义，只是坐着闲谈，谈他的政治理想和革命大义。为了表示对君主专制的藐视，章炳麟在作文课上让学生们以"本纪"为题，写自己的历史——本纪原是专门记载帝王生平和社稷大事的体裁。章炳麟以这种特别的方式，达到了启蒙思想的效果。

爱国学社的学生可以自由阅读新式书刊杂志，自由集会，还经常到张园发表演讲，指点江山。张园即"张氏味莼园"，位于上海泰兴路，园主人是中国商人张叔和。张园免费向市民开放，是当时上海最大的市民公共活动场所。吴稚晖、邹容、章炳麟就经常登台演说。吴稚晖的演说最具风采，很受学生们的欢迎；而章炳麟通常是一副落拓不羁的模样，披一件长衫，腰间系一条草绳，有时候他登上演讲台，只是大喊：革命，革命，只有革命！虽然简单，但台下的听众热血沸腾。在当时，大谈革命是先进和时髦的表现。

爱国学社特别注重兵操。当时，整个社会提倡尚武精神，许多年轻人心怀军事救国的理想。戴着眼镜、长相斯文的蔡元培也穿上操衣，和学生们一起喊口令、练兵操，用木枪学习瞄准、射击。

爱国女校开学典礼（后排左六为蔡元培）

170

自从南洋公学师生离校之后，在其他地方又陆续发生了多起学生罢课、退学的事件，被人们称为学界风潮。这意味着知识分子在政治上的觉醒。1902 年，浙江的浔溪公学 29 名学生集体退学；1903 年，南京的江南陆师学堂 30 余名学生集体退学，其中就有一代国士章士钊；在这一年闹过学潮的还有浙江大学堂、上海广方言馆、杭州教会学校蕙兰书院等。退学的学生只要愿意就读爱国学社，都被无条件接收，学社的规模因此不断壮大。

　　为了接收女学生，爱国学社成立了爱国女学社。《苏报》馆主人陈范的大女儿陈撷芬就是爱国女学社的第一批学生之一。陈范，字叔柔，号梦坡。这个有着革命思想的报人接手了名不见经传的《苏报》，与爱国学社合作——学社成员为《苏报》撰文，作为回报，报馆每月资助学社一百银圆。《苏报》增设"学界风潮"和"舆论商榷"两个专栏，专门报道学生运动，宣传革命思想。章炳麟、章士钊在这份报纸上刊载了多篇雄文，邹容的《革命军》也因这份报纸的宣传火了起来。

　　大谈革命的《苏报》很快引起清廷的注意，虽然爱国学社和《苏报》馆寄身在上海的公共租界内，得到洋人的庇护，但清廷设法打通了关节，没过几天，租界的巡捕房就封掉了《苏报》馆，爱国学社因为连带关系，也遭到查封。蔡元培早在中国教育会与爱国学社的内讧中拂袖而去，前往青岛；章炳麟和邹容下狱；吴稚晖远赴欧洲暂避；《苏报》的主人陈范携家小逃亡日本。只有章士钊未被追究，因为主办"苏报案"的江苏候补道俞明震曾是江南陆师学堂的总办，章士钊曾就读该校，是他的学生。老师徇情，放了学生一马。侥幸得脱的章士钊躲进逼仄的小阁楼里，与好朋友张罗起了《国民日日报》。

伍廷芳：民国第一案

    1912 年 3 月 23 日下午，一件被社会各界广泛关注的杀人案在上海南市市政厅内开庭审理。坐在被告席上的人名叫姚荣泽。此案的审判长是陈贻范，坐在他身旁的是沪军都督府军法司总长蔡寅。

    厅内，原告律师金泯澜、许继祥、狄梁青、林行规已经就座，被告律师巢琨也已入席。庭外的旁听席上，坐着记者、官员、南社成员，还有为数不少的外国人。翌日，《时报》报道称"旁听者不下千余人"。

伍廷芳

    在庭审现场之外，恐怕没有人比伍廷芳更关心这个案件了。身在南京的他刚刚就任临时政府的司法部总长，此案的审判长陈贻范正是他举荐的。在开庭之前，他已经就此案与沪军都督陈其美多次交涉，两人在电文里唇枪舌剑，火气十足。

    本案的被告姚荣泽，是江苏山阳县（今淮安）县令。辛亥革命时，两位青年人周实、阮式回到故乡山阳县，他们既是同盟会会员，又是南社成员。南社是柳亚子等人发起成立的革命组织，与同盟会的宗旨相似，旨在推翻清朝贵族统治。周实、阮式回乡后，召集有志于革命的学生八九十人，组成巡逻队，两人分别担任正副队长。在他们的主导下，山阳县响应革命，宣布独立。姚荣泽虽为旧官僚，但仍被当时的士绅推举为县司法长（一说是民政长）。

    周实、阮式赋性刚直，年轻气盛，说话直来直去，不给人留情面，因此得罪了不少人，姚荣泽与他们共事，也深感不爽。革命需要花钱，阮式等革命党人询问县衙的钱款数目和存放地点，姚荣泽语焉不详，故意搪塞敷衍。革命党人一再追问，与姚荣泽发生了激烈争执。姚荣泽受逼被辱之下，起了杀心。他大放流言，谎称周实、阮式准备杀掉旧官、抢劫士绅财产。官绅人人自危，纷纷支持姚荣泽。一个杀人的阴谋正在悄然生成。

1911 年 11 月 17 日，姚荣泽以议事为名，把周实骗到府学魁星楼下，一阵枪响之后，周实倒在血泊中，身中七枪，停止了呼吸。而另一支团勇（地方武装力量）闯进阮式家中，不由分说，径直把阮式绑了起来，押到府学。阮式惨遭剖心剖腹而死。姚荣泽杀人后，诬蔑周实、阮式是乱匪，因扰乱县城治安而被处死。他们的家人被抓起来，严刑拷打，姚荣泽逼迫他们写"伏罪状"。

当时，镇江都督林述庆的革命军队驻扎在山阳县附近，他得知此事，决定查办姚荣泽。姚荣泽得讯后连忙逃到通州（今南通），藏匿在通州军事长张察家中。

南社成员惊闻周实、阮式被杀的噩耗，悲愤难抑。他们在报纸上披露惨案的始末，呼吁惩凶除恶。南社发起人柳亚子四处奔走呼号，为死者伸张正义。案情很快被临时大总统孙中山得悉，他连发电文给江苏都督庄蕴宽、沪军都督陈其美和通州军事长张察，要求他们惩办元凶，以彰国法、平公愤。同为南社成员的沪军都督陈其美派人赴通州将姚荣泽押解到上海，要按军法将其处置。

此时，临时政府刚刚在南京成立两个月，伍廷芳被临时政府任命为司法总长。他当然也注意到了这件被舆论热切关注的案子，但此时，他的另一个身份——南方议和总代表显然更为重要，他的主要精力也放在南北和谈上，司法上的事务尚未开展。姚荣泽被押解到上海后，南北和谈告成，伍廷芳才从和谈事宜中脱身。回归本职工作后，他发表了自己对该案的看法：民国初立，一切诉讼应该采取文明的办法，何况此案情节重大，更需要审慎周详，彰显新政府尊重法律的态度。他指出，此案必须严格按正规流程进行审理，司法部将派遣精通中外法律的审判长，另选三名通达事理、公正和平、威望素著的陪审员，为原告和被告聘请辩护律师，审讯时任人旁听。按照法理，沪军都督陈其美对此案并无管辖权，他私自押解姚荣泽，按军法审讯，已经是越权行事，凌犯法律了。

伍廷芳着眼于民国的法治建设，而不是图惩办凶手、报仇雪恨的一时之快，思虑深远，用心良苦。但陈其美完全不能理解，在革命同僚们的鼓动下，他急于惩办姚荣泽，却忽略了一个在伍廷芳看来至关重要的问题——在法治的社会里，谁有权组织法庭，按照什么程序审判？1912年2月29日，陈其美擅自宣布即将由沪军都督府军法总长蔡寅为临时审判长，在南京市政厅开庭审判"姚荣泽案"。伍廷芳闻讯后，即刻致电陈其美：组织法庭是司法部的职权范围，地方督府无权为之。他进一步明确了审判团队的名单：陈贻范担任审判长，丁榕、蔡寅为副审判官，另设陪审员三至五人。

陈其美随即回复伍廷芳，表示部分接受伍廷芳的要求，不过他坚持由蔡寅主审，理由是沪军都督府已经将蔡寅担任审判长一事告知外界，如果变卦，都督府的信誉就会受损。

伍廷芳再次复信陈其美，仍坚持由陈贻范担任审判长。他在复信中强调，审判程序不仅关乎司法部职权，而且影响新生的民国在国际上的法治形象，我们常希望从外国人手中收回领事裁判权，但是如果民国不能给别人一个文明审判的形象，将来交涉收回权力的人用什么依据让外国人信服呢？显然，伍廷芳考虑的不仅是眼下的这一桩案件，而是民国司法主权独立的问题。

陈其美不接受伍廷芳的说辞，他声称姚荣泽的杀人行为是反抗革命军，与军法有关，不同于寻常的刑事案件。他意在通过军法处置姚荣泽。他还辩解道：原告（周实、阮式的家人）在上海申冤，沪军都督就有权过问，不能视为干涉司法。最后，陈其美不无讽刺地写道：司法部成立已逾百日，司法总长在法律制度上无一建树，却揪住"姚荣泽案"不放，难免有博取虚誉的嫌疑。

70岁的伍廷芳读到此信，深感受辱，再一次体会到实践司法理想的艰难。他是中国近代第一个法学博士，曾在清廷担任修订法律大臣，与沈家本等法律专家一起，参照西方国家和日本，对清帝国的法律进行了大规模的修订，构建了现代法律体系。大清旧律的旧名词、旧概念被删去；"笞、杖、徒、流、死"五刑被死刑、无期徒刑、有期徒刑、拘留、罚金等替代；旧律中名目繁杂的死罪被废除；禁止刑讯、陪审制度、律师制度等文明审判制度被纳入清帝国的法律体系中。

3月22日，伍廷芳再次写信给陈其美，信中不提"姚荣泽案"，而是详细地阐述了三权分立、审判独立、罪行法定、无罪推定等法治的基本原则。他针对陈其美的讽刺辩驳道：区区百日就要求将法律编订妥善，审判规则制定完毕，无异于天方夜谭；即便制定完毕，各地的军政长官对司法程序毫不以为然，又怎么能实行？

就在两人相持不下的时候，孙中山站到了伍廷芳一边。"姚荣泽案"最终按照伍廷芳拟定的审判方案进行审理。于是有了本文开篇的那一幕。经过三次审讯，姚荣泽最终被判处死刑，在三个星期内执行。

然而，一切并没有就此尘埃落定。判决后，法庭让姚荣泽作最后陈述。姚荣泽申辩道：杀死周实、阮式并非出自本意，而是乡绅团练擅自行事，请求法庭考虑减刑。陪审团成员认为，该案发生在非常时期，被告虽然罪有应得，但情有可原。于是决定由陪审团集体禀请大总统"恩施轻减"。最终，姚荣泽虽被判死刑，但判决书附加了一条：如果大总统恩准，即可免死。

此时的大总统已经变成了袁世凯。官司打到北京后，袁世凯为示宽容，特赦姚荣泽，改判监禁十年，罚金五千两。实际上，姚荣泽在监狱中被关押了三个月就被释放了。

姚荣泽奇迹般地"死而复生"，让革命党人激愤不已，尤其是南社成员，同僚被惨杀却不能伸张正义，既耻且愤。他们把怒火一股脑儿地倾泻到伍廷芳身上，纷纷在报上发文，斥责伍廷芳滥用职权、践踏民权、破坏法制。伍廷芳辩解道：本人执掌司法部，自当倾尽全力组织正当法庭，至于开庭之后，权力在于法庭，与我无关，我也不干涉。他的辩解被更凶猛的斥责之声淹没。

在一片谩骂声中，伍廷芳辞去司法总长职务，隐居上海，南京临时政府也被袁世凯的北洋政府所取代。民国第一案中，姚荣泽保住了小命，革命党人悲愤难伸，民众却领略了另一种文明——原来，审判不是击鼓鸣冤，由所谓的青天大老爷主持公道，真正的法律，是需要遵循制度和程序的。

参考书目：

［1］金满楼.门槛上的民国［M］.北京：新星出版社，2013.

［2］祝勇.辛亥年［M］.北京：生活·读书·新知三联书店，2011.

［3］祝勇.民国的忧伤［M］.北京：东方出版社，2013.

［4］吴晓波.跌荡一百年——中国企业1870—1977（上）［M］.北京：中信出版社，2009.

［5］叶曙明.大变局：1911［M］.南京：江苏文艺出版社，2011.

［6］叶曙明.国会现场：1911—1928［M］.杭州：浙江人民出版社，2013.

［7］马勇.晚清二十年［M］.北京：人民文学出版社，2011.

［8］马勇.容忍历史不完美［M］.北京：中华工商联合出版社，2013.

［9］李洁.1912—1928：文武北洋（枭雄篇）［M］.杭州：浙江人民出版社，2012.

［10］李洁.1912—1928：文武北洋（风流篇）［M］.杭州：浙江人民出版社，2012.

［11］杨天石.帝制的终结［M］.长沙：岳麓书社，2013.

［12］张鸣.辛亥：摇晃的中国［M］.桂林：广西师范大学出版社，2011.

［13］《南方周末》.晚清变局与民国乱象［M］.北京：北京工业大学出版社，2011.

［14］沈迦.寻找·苏慧廉［M］.北京：新星出版社，2013.

［15］顾钧.鲁迅翻译研究［M］.福州：福建教育出版社，2009.

［16］溥仪.我的前半生［M］.北京：群众出版社，2007.

［17］李提摩太.亲历晚清四十五年［M］.李宪堂，侯林莉，译.天津：
天津人民出版社，2005.

［18］吴比.革命与生意：辛亥革命中的商业与商人命运［M］.杭州：
浙江大学出版社，2011.

［19］丁贤俊，喻作凤.伍廷芳评传［M］.北京：人民出版社，2005.

［20］陈永忠.章太炎传［M］.北京：北京出版社，1980.

［21］萧致治.黄兴评传［M］.南京：南京大学出版社，2001.

［22］薛君度，萧致治.黄兴新论［M］.武汉：武汉大学出版社，1988.

［23］刘忆江.袁世凯评传［M］.北京：经济日报出版社，2004.

［24］唐德刚.袁氏当国［M］.桂林：广西师范大学出版社，2004.

［25］唐德刚.晚清七十年［M］.长沙：岳麓书社，1999.

［26］吴欢.民国诸葛赵凤昌与常州英杰［M］.武汉：长江文艺出版社，
2010.

［27］曹汝霖.一生之回忆［M］.北京：中国大百科全书出版社，2009.

［28］张朋园.立宪派与辛亥革命［M］.长春：吉林出版集团有限责任
公司，2007.

［29］胡玉蘅.吴禄贞传［M］.台北：近代中国出版社，1982.

［30］卫春回.张謇评传［M］.南京：南京大学出版社，2011.

［31］蔡礼强.晚清大变局中的杨度［M］.北京：经济管理出版社，2007.

［32］杨云慧.从保皇派到秘密党员：回忆我的父亲杨度［M］.上海：
上海文化出版社，1987.

[33] 毛炳汉.困惑帝王师：杨度别传［M］.长春：长春出版社，1999.

[34] 张海林.端方与清末新政［M］.南京：南京大学出版社，2007.

[35] 刘凤翰.新建陆军［M］.台北："中研院"近代史研究所，1967.

[36] 费正清，刘广京.剑桥中国晚清史［M］.北京：中国社会科学出版社，2006.

[37] 费正清.剑桥中华民国史［M］.北京：中国社会科学出版社，2006.

[38] 李新.中华民国史［M］.北京：中华书局，2011.

[39] 唐振常.蔡元培传［M］.上海：上海人民出版社，1985.

[40] 陈平原，郑勇.追忆蔡元培［M］.北京：生活·读书·新知三联书店，2009.

[41] 张焕宗.唐绍仪与清末民初政府［M］.石家庄：河北人民出版社，1998.

[42] 傅国涌.主角与配角：近代中国大转型的台前幕后［M］.武汉：长江文艺出版社，2005.

[43] 赵长天.大清王朝的英籍公务员：赫德传［M］.北京：人民文学出版社，2012.

[44] 张志勇.赫德与晚清中英外交［M］.上海：上海书店出版社，2012.

后记：谁说理想不靠谱！

大清帝国自鸦片战争之后，在内忧外患的夹缝中艰难生存，国力渐弱，主权渐失，国家尊严被外国的坚船利炮打得粉碎。帝国的统治者们在枪炮的威逼下，小心翼翼地尝试改革，却又在改革和守旧之间徘徊往复，错失良机。

在曾国藩、李鸿章、袁世凯等能臣的全力经营下，泱泱帝国也出现过"昙花一现""回光返照"式的繁荣昌盛。然而，终究是破屋一间，栋梁已朽，表面的千疮百孔、满目疮痍经过纸糊，看上去完整如初，却禁不起风雨飘摇。

中日甲午之战，帝国的复兴梦被弹丸之国击得粉碎。庚子年，八国联军攻入京城，烧杀抢掠，帝国的统治者狼狈西逃。此时的李鸿章已是垂垂一老者，为帝国燃尽了骨血，却再次被抬出来收拾残局，签完丧权辱国的条约，他喋血三日，两个月后，在北京贤良寺凄然逝世。

李鸿章生前自嘲为清帝国的"裱糊匠"，贴切至极。勉力裱糊，却止不住枯朽帝国的坍塌。光绪帝和慈禧相继过世后，走上政治前台的满族亲贵们不断揽权，出台了当时不得人心的铁路国有政策，又在万众翘首之下弄出个"皇族内阁"，凉透了人心。帝国早已摇摇欲坠，武昌枪响，一场并不激烈的革命，就中止了它的命运。

帝制终结，民国告成。可是，社会并没有因为换了朝廷就发生翻天覆地的变化。强国之梦，并没有因为革命而立刻兑现。革命党人用鲜血换来的"新社会"，有时候看上去比旧社会更糟糕。皇帝没有了，几千年的伦理道德体系面临着坍塌，社会秩序乱糟糟；军阀混战不休，盗匪猖獗；国会曝出贿选丑闻，后来干脆被取消了。民初的政治舞台上，大腕们纷纷过场，生旦净末丑，神仙老虎狗，各显神通，却没有一个人能扭转乾坤，把民国这个家当好。所以复辟帝制也绝非"胡闹"，而是有相当的群众基础。

张勋复辟帝制时，梁启超口口声声反对，不惜和自己的恩师康有为闹翻。复辟未成，梁启超却在后来的日子里反思自己的"反复辟"言行。康有为去世时，梁启超捉刀撰写祭文，其中有这样一段话：

> 复辟之役，世多以此为师诟病，虽我小子，亦不敢曲从而漫应。虽然丈夫立身，各有本末，师之所以自处者，岂曰不得其正思报先帝之知于地下，则于吾君之子而行吾敬。栖燕不以人去而辞巢，贞松不以岁寒而改性，宁冒天下之大不韪，而毅然行吾心之所以自靖，斯正吾师之所以大过人，抑亦人纪之所攸讬命，任少年之喜谤，今盖棺而论定。

梁启超对恩师的复辟之为毫不讳言，而且言辞间明显看得出同情和理解。

2014 年又是一个甲午年，隔着巨大的时间和空间距离，跳出当局者狭促的目光，回望晚清民初那段历史，我们是不是更能够理解他们的作为、是不是能够以同情的态度去谅解他们的各种失当、是不是能够以一颗洞察之心在他们身上汲取能量？这就是我写作这本书的初心。

这本书里写了大人物对时代的影响。所谓大人物，不是伟大，也不是毫无道德瑕疵的完人。事实上，这样的人物是不存在的——在维新运动中的急先锋康有为，到了民国，不也成了捣鼓复辟的保守角色，而在教科书里被贴上"帝制自为"标签的袁世凯，却是辛亥革命后众望所归的大总统，他在历史上留下的痕迹不亚于孙中山；被鲁迅痛骂的段祺瑞，也绝非大多数人印象中屠杀学生的武夫，他绝对算得上"为政清廉"的楷模，不纳妾，不食荤，无房产，下野之后，连住的地方都是别人"借"给他的。

这里的"大"，是指个人行为对历史进程产生深远的影响。虽说寻常老百姓是推动历史发展的根本力量，但是这样的力量必须经过相当漫长的时间才能显现出来。在某些关键的历史拐点，"大人物"的作用非同小觑。由于这些人物在特定时期的作为，历史朝着"这个方向"而不是"那个方向"延伸。我竭力抛开成见，通过客观的叙述和丰富的细节，努力再现他们的事迹。

当初，那些为强国之梦奔走、流亡、忍辱、舍身的人，没有等到梦圆的时刻，但他们的梦终究实现。历史一次又一次证明：没有任何一种万能之药，可以让一个国家一朝崛起；社会的进步从来都是依靠一点一滴的积累，最终发生质变，所以，每一个人的努力都意义非凡，都值得被记录、被书写，并且被后人铭记。如果这本书起到了这个作用，那我就要大喝一顿酒庆贺了。

理想的力量永存，理想终究会实现，只不过道路长短有别。仅以此书献给为历史进步而努力的人们。